나의 살던 강남은

나의 살던 강남은

초판 1쇄 발행 2025년 6월 5일

지은이 강대호
펴낸이 강수걸
편집 강나래 이소영 오해은 이선화 이혜정 한수예 유정의
디자인 권문경 조은비
펴낸곳 산지니
등록 2005년 2월 7일 제333-3370000251002005000001호
주소 부산시 해운대구 수영강변대로 140 BCC 626호
전화 051-504-7070 | 팩스 051-507-7543
홈페이지 www.sanzinibook.com
전자우편 sanzini@sanzinibook.com
블로그 http://sanzinibook.tistory.com

ISBN 979-11-6861-470-3 03300

나의 살던 강남은

잊혀 가는 옛 강남의 흔적을 찾아서

강대호 지음

아파트와 빌딩숲 사이에 가려진
강남의 구석구석을 기억하다

산지니

도시탐험가의 고향 이야기

50대가 될 때까지 직장인이었던 난 어느 순간 글 쓰는 사람이 되어 있었다. 다양한 주제로 쓴 글들을 여러 매체에 기고하고 있는데 특히 도시 탐사 관련 글이 주목받아 지금처럼 책까지 쓰게 되었다. 내가 도시 관련 글을 쓰게 된 계기는 사라진 무언가를 찾는 과정에서 비롯되었다. 어느날 불현듯 초등학교 1학년 때까지 살았던 수유리 골목이 그리워지더니 옛집이 어떻게 변했는지 궁금해졌다.

간혹 그랬다. 수유리에서 서교동으로 이사해도, 서교동에서 강남으로 이사해도 수유리 골목이 그리웠다. 그래서 시내버스를 타고 수유리의 옛 골목과 옛집을 찾아가곤 했었다. 중학교 1학년 무렵까지는. 하지만 학년이 올라가며 서서히 마음이 멀어졌고 수유리 또한 몰라보게 변해갔다. 어림짐작으로 찾기 힘들 정도로.

그래도 주소를 알면 찾아갈 수 있겠지, 하며 주민등록 서류를 떼 보았다. 코로나가 한창인 2020년경이었다. 하지만 오히려 혼란스러웠다. 수유리로 알고 있던 옛집 주소가 쌍문동이라는 거다. 혹시나 해 주소를 지도에 검색해 보니 없는 지번으로 나왔다. 옛집이 사라진 걸까, 아니면 주소가 잘못된 걸까.

그날부터 나의 좌충우돌이 시작되었다. 우선 내가 다닌 동원유치원을 검색해 보았다. 거기에 가면 등원 경로를 역으로 떠올려 옛집을 찾을 수 있으리라 생각했다. 그런데 인터넷에는 아무런 정보가 뜨지 않았다. 수유동은 물론 쌍문동에도 그런 이름의 유치원은 없었다.

동원유치원이 어떤 교회와 한 담장 안에 있던 게 기억나 수유동 일대의 50년 넘는 역사를 가진 교회들을 찾아가 보기도 했다. 교회 관계자들에게 과거에 혹시 유치원을 운영했었는지 물어봤지만, 오히려 신천지의 포교 활동으로 오해받곤 했다. 다만 SNS 등에 수소문해 1980년대에 폐원했다는 소식 정도는 알 수 있었다.

다른 통학 경로를 되짚어 보기도 했다. 초등학교 1학년 때 한신국민학교라는 사립학교를 다녔는데 스쿨버스를 이용했다. 학교에서 집 근처까지 스쿨버스 경로를 따라가다 보면 어렴풋이라도 옛 동네가 기억나지 않을까, 해서 발품을 팔아 보았다.

지도를 잘 살펴보면, 수유동 일대의 바둑판 모양으로 뚫린 도로들 사이로 휘어진 모양의 도로가 나온다. 내 어린 시절에는 그 도로만 있었다. 오늘날 구(舊) 도로로 불리는. 기억을 더듬어 과거 한신국민학교가 있던 자리에서부터 구 도로를 역으로 따라가 보았다. 수유동 일대의 구도로는 지금은 한적한 이면도로이지만 내가 살던 1970년대 초반 무렵만 해도 시내버스가 다니는 간선도로였다. 어른들은 신작로라 부르기도 했다.

여러 시행착오 끝에 초등학교 1학년 때 스쿨버스를 기다리던 전봇대를 찾았다. 물론 그 후 다른 전봇대로 교체했겠지만, 난 이 전봇대가 놓인 공간을 잊을 수 없다. 스쿨버스를 기다리며 친구들과 놀다가 머리를 다쳐 쓰러진 곳이 이 전봇대 앞이었다. 지금도 머리카락이 나지 않는 손가락 두 마디 정도 크기의 흉터를 남긴 큰 사고였다.

거기서 집으로 찾아가는 건 어렵지 않았다. 내 발이 절로 움직였으니까. 옛 건물들은 다 헐리고 새 건물들이 들어섰지만, 이면도로와 골목 구획 모양은 예전 형태 그대로였다. 다만 구멍가게 자리가 공용주차장으로 변해 있었고, 작은누나가 다닌 피아노 교습소는 어린이집으로 바뀌어 있었다.

옛 구멍가게 터를 지나자마자 나의 옛집으로 들어가는 골목이 보였다. 골목 입구의 집은 내 기억 속 모습 그대로 있었다. 허름한 모습이지만 그렇게 반가울 수가 없었다. 혹시 우리 집도 옛모습 그대로일까, 이런 기대를 하며 골목에 들어섰다. 우리 집은 골목 끝에서 두 번째에 있었는데. 아쉽게도, 다가구주택으로 변해 있었다. 거기에 적힌 주소는 강북구 수유동으로 시작했다.

수유리 옛집을 찾는 과정에서 도시 탐사에 재미를 느끼게 되었다. 옛집을 찾는 과정은 자료를 뒤지고 단서를 좇는 과정의 연속이었는데 내 호기심과 열정이 식질 않았다. 수유리로 알고 있었던 옛집이 어쩌다 쌍문동이 되었는지, 또 어떻게 수유동으로 다시 변경되었는지 알아내면서 행정구역 변화와 동 경계 조정 과정을 알게 되었다. 무엇보다 옛집의 이력 변화 과정을 알게 된 게 큰 수확이었다. 우리 집은 1966년에 건축했는데 1992년에 헐린 후 다가구주택이 들어섰다. 그러고 보니 1966년에 지은 수유리 옛집에는 1966년생인 나와 반려견 해피가 살았었다. 1966년생 삼총사였다.

수유리에 관한 자료를 뒤지면서 지금은 잊힌 여러 이야기도 발굴할 수 있었다. 집 근처에 실명의용촌, 즉 한국전쟁 때 눈을 다쳐 실명한 상이군인들이 모여 살던 동네가 있었고, 내가 다닌 한신국민학교가 개교하게 된 특별한 사연도 알 수 있었다. 이후 두 공간이 어떻게 변해갔는지도 파헤쳤다.

모두 다른 지역 답사에도 적용할 수 있는 방법들이었다. 일종의 지역 탐사 방법론을 체득하게 되었다. 이런 과정들과 발굴한 이야기들을 글로 정리해 한 매체에 연재했다. 포털 뉴스에도 실리며 많은 관심을 받았다. 동원유치원과 한신국민학교를 다닌 이들로부터 이메일이 오기도 했다. 다른 매체들에서도 도시 소재의 글 기고 요청을 해왔다. 자연스럽게 범위를 다른 지역으로 옮겼다. 수유리에서 살다 이사한 서교동과 강남에 관한 이야기로, 그리고 범위를 좀 더 넓혀 서울 여러 지역에 관한 이야기로도. 수유리 옛집을 찾으며 알게 된 방법 그대로 그 지역의 변화 과정을 탐사하고 연구해 숨겨진 이야기들을 발굴해 내었다. 그렇게 난 어느 순간 도시탐험가가 되어 있었다.

강남에서는 국민학교부터 중학교, 고등학교를 졸업하고 대학생이 된 후 군대에 입대한 무렵까지 살았다. 1970년대와 80년대를 포함한다. 그 후에도 강남은 내 활동 영역이었다. 직장이 강남에 있기도 했지만, 다른 지역으로 이주한 친구들도 강남을 찾기는 마찬가지였다. 지금도 동창 모임은 강남역 인근에서 하곤 한다.

유년기와 청소년기를 거쳐 청년기 초기 무렵까지 강남에서 살았으니 기억에 남는 일들이 많다. 어린 눈에도 강남에는 이질적인 뭔가가 뒤섞여 있다는 게 느껴졌다. 그래서 호기심 속에 관찰해 왔던 거 같다. 지금도 호기심이 생기는 건 그냥 지나치지 못하는 성격이긴 하다.

사실 난 교과서 내용은 잘 기억하지 못했지만, 인상적인 순간만큼은 사진처럼 기억에 남아 있곤 했다. 그런 장면들이 이 책 곳곳에 담겨 있다. 과거 기억 속 이야기들을 검증하기 위해 문헌자료를 뒤져보는 과정은 언제나 흥미로웠다. 이 과정에서 새로운 이야기도 발굴할 수 있었다. 만약 근거 자료가 없으면 나와 같거나 비슷한 기억을 가진 증인을 찾아 나서기도 했다.

이 책에 담긴 이야기들은 역사책에 기록되지 않았더라도 과거 언젠가 강남에서 일어난 일들이다. 물론 학자들이나 전문가들이 저술한 책과는 결이 다를지도 모른다. 다만, 그냥 묻혀 잊힐 수도 있는 이야기들을 이 책에서 언급해 잠시라도 더 기억되길 바라는 마음으로 나는 써 나갔다. 내게는 고향이기도 한 강남을 그리워하는 마음을 담아서.

[서울 지도]

- 수유동 : 내가 태어나고(1966년) 국민학교 1학년 때까지 살았던 곳이다. 수유동
  옛집의 흔적을 찾는 과정에서 나의 도시 탐사가 시작되었다.
- 서교동 : 국민학교 2학년(1974년)부터 4학년(1976년)까지 살았던 곳이다. 시내
  버스가 많이 다니는 곳으로, 이 버스 저 버스를 타고 종점까지 다녀오며
  도시탐험가로서의 떡잎을 발견하였다.
- 역삼동 : 1976년 2월, 새롭게 지어진 개나리아파트에 입주하며 나의 강남 이야기
  가 시작되었다.

[강남구 행정동]

차례

1부

나의 살던 강남은

[　　　　고향이 어디냐고 물어보신다면　　　　]

　　내 고향은 어디일까. 코로나가 한창인 2020년경 일었던 상념이다. 오래도록 부모님의 고향을 내 고향으로 여겨 왔었는데 아닐 수도 있겠단 생각이 든 것. 돌이켜 생각해 보면, 나는 고향의 정체성에 관한 질문을 고등학생 시절에도 던졌었다.

　　1982년 휘문고등학교에 입학하니 반가운 얼굴들이 많았다. 내가 졸업한 영동중학교 출신들이 대거 배정받기도 했지만, 휘문중으로 갔던 도곡국민학교 동창들도 많이 배정받았다. 어느 반에 가더라도 아는 친구들이 있어서 어깨 펴고 다녔던 시절이다.

　　당시 강남 8학군에는 지금의 강동구와 송파구 지역도 포함되었다.[1] 그래서인지 이들 지역에 있는 중학교를 졸업한 친구가 많았다. 특히 강동구에 있는 동북중학교와 송파구에 있는 신천

1　송파 지역이 포함된 강동구는 원래 강남구에 속했었다. 그러다 1979년에 강남구에서 분구했다. 송파구는 1988년에 강동구에서 분구했다. 1999년 국민의정부는 8학군에서 송파구와 강동구를 떼어내 서울시의 학군을 11개 학군으로 개편했다.

중학교 출신들이 꽤 있었는데 지금도 자주 만나는 휘문고 동창 중에는 이들 학교를 나온 친구가 여럿이다.

영동중학교에 다닐 때 서울 전역에서 강남으로 이주한 가정 출신들을 만날 수 있었다면, 휘문고등학교에 다닐 적에는 전국 곳곳에서 서울로 이주한 가정 출신들을 만날 수 있었다. 그 시절 난 전라도 출신 친구를 여럿 알게 되었는데 이대종과 친한 덕분이었다. 대종이 주변으로 전라도에서 올라온 친구들이 모였다. 이들은 대개 송파 쪽에 집이 있었고 한 친구는 강동구 천호동에 집이 있었다.

대종은 전라북도 고창 출신으로 국민학생 시절 서울에서 직장에 다니는 누이를 따라 상경했다. 나와는 영동중과 휘문고 동창이다. 도곡아파트에서 살다가 영동아파트로 이사한 대종이네 집은 친구들이 모이는 아지트였다. 나도 자주 갔었는데 그때마다 전라도 출신 친구들이 있었다.

그러던 어느 날, 대종이네 집에 모인 우리는 프로야구 중계를 함께 시청했다. 삼미 슈퍼스타즈와 해태 타이거즈의 경기였다. 장명부가 삼미의 투수로 있던 시절이니 고등학교 2학년인 1983년이었다. 친구들은 언제나처럼 해태를 응원했고 난 삼미를 응원했다. 당시 해태는 부동의 1위였고 삼미는 투수 장명부의 활약으로 2위를 달리고 있었다. 모두가 해태를 응원하니 그저 나만이라도 삼미를 응원해야겠다는 인류애적인 생각으로 그랬던 거였다. 하지만 친구들은 그런 날 이상한 눈으로 쳐다봤다. 왜 삼성이 아닌 삼미를 응원하느냐며.

친구들의 반응은 내 본적이 경상북도임을 알고 있어서였다. 그러니까 고향 팀인 삼성 라이온즈가 아닌 다른 팀을 응원하는 나를 힐난하는 눈초리였다. 초등학생 시절 고등학교 야구 보기를 즐겼던 나는 웬일인지 프로야구는 즐기지 않았다. 그러니 삼성 라이온즈를 고향 팀으로 여길 기회조차 없었던 나였다. 억울했다.

어른이 된 후 대종과 만난 자리에서 고등학교 시절에 이런 대화를 나눈 적 있었다고 하니 기억나지 않는다고 했다. 다만 친구들이 모여서 함께 프로야구를 본 건 기억난다고 했다. 아마도 당시의 대화가 내 뇌리에만 깊숙이 박혔나 보다. 그만큼 인상적인 기억이었을까. 훗날 생각해 보니, 내가 고향의 정체성에 대해 고민해 보는 계기가 된 날이기도 했다.

2020년 5월에 나는 부모님 묘를 이장했다. 30년 가까이 부모님을 모셨던 묘소도, 이장한 문중 봉안당도 경상북도 상주의 한적한 낙동강변에 있다. 두 분 모두의 고향이다. 문중 봉안당 앞 기념비에는 이 지역에 살았던 우리 집안 역사가 담겨 있었다. 17세기 중반 경북 상주에서 살기 시작한 먼 조상부터 지금 살아 있는 후손들 이름까지 쭉 새겨져 있다. 내 이름은 물론 내 아들 이름까지도.

아들도 그렇지만 나는 경북 상주가 아니라 서울에서 태어났다. 외가는 오래전 상주를 떠났고, 아버지의 사촌, 육촌, 팔촌까지 모두 세상을 떠난 지금 상주는 어디 들러 물 한 잔 얻어 마실

친인척 한 명 없는 곳이 되었다. 문중 봉안당 기념비는 그런 나와 아들까지 모두 상주의 후예라고 말하고 있었지만.

그즈음부터일 것이다. 고등학생 시절 처음 느낀 고향의 정체성에 대한 고민을 다시 꺼내게 된 것이. 부모님 묘소 이장을 마친 후 나는 '내 고향은 어디일까?' 하는 질문을 구체적으로 던졌다. 50대 중반을 지나면서 근원적 의문이 생긴 것이다.

과거에는 '본적(本籍)'을 물어보는 경우가 많았다. 무슨 서류를 쓰더라도 현주소보다 먼저 본적을 적어야 했다. 내 도곡국민학교 졸업장에는 경상북도라는 본적이 적혀 있다. 난 지금도 내 본적을 기억한다. '경상북도 상주군 중동면'으로 시작하는.

그래서일까. 어릴 적에 경북 상주 출신이라고 말하곤 했다. 사람들도 사투리를 전혀 쓰지 않는 나를 경상북도 상주가 본적이니 경상도 출신으로 대우하곤 했다. 고등학생 시절 친구들처럼. 그런 나의 고향은 어디일까? 경상도 출신 부모와 형제를 둔 나, 그런데 서울에서 나고 자란 나의 고향 말이다. 서울일까 경상도일까.

『고려대 한국어대사전』에 의하면 '고향'은, 기본의미로 "태어나 자라난 곳, 또는 제 조상이 오래 누려 살던 곳"을 의미한다. 보충적으로는 "늘 마음으로 그리워하거나 정답게 느끼는 곳"을 의미하기도 한다. 기본의미를 따르자면, 경북 상주가 내 조상이 오래 누려 살던 곳이기에 고향이고, 서울 여러 곳이 내가 태어나 자라난 곳이기에 고향이기도 하다.

그렇다면 내가 '늘 마음으로 그리워하거나 정답게 느끼는 곳' 은 어디일까. 이 질문을 처음 던졌을 때 내 마음속에 떠오르는 풍경이 있었다. 경북 상주는 아니었다. 내가 태어나고 자란 곳은 서울이다. 서울에서도 수유리와 서교동, 그리고 역삼동. 생각해 보니 세 지역이 내게 주는 의미가 모두 다르다. 어디가 더 그립 다거나 추억이 더 많다는 게 아니라 내가 자라는 여러 시기 동안 다양한 지역에서 겪은 혼합된 경험 차원의 의미에서 말이다.

수유리, 지금은 수유동으로 불리지만 내가 어릴 때는 수유리 라고들 했다. 거기서 난 국민학교 1학년 때까지 살았다. 1966년 부터 1974년 초까지였다. 그 후 다른 지역에 가서 살아도 수유리 골목길과 우이천, 그리고 수유리 집에서 보이던 북한산과 내가 큰 바위라고 불렀던 인수봉이 기억나곤 했다.

마포구 서교동에서 살던 동네는 이층집이 즐비했다. 골목을 나서 조금만 가면 나오는 큰길은 시내버스가 많이 다니는 교통 의 요충지였다. 당시 난 이 버스 저 버스를 타고 종점까지 다녀오 곤 했다. 그러고 보면, 도시탐험가로서 내 삶이 그때부터 시작된 것 같다. 서교동에서 2학년부터 4학년 때까지, 1974년부터 1976 년까지 살았다.

도곡동의 개나리아파트로는 1976년 12월에 이사했는데 몇 년 후 역삼동으로 행정구역이 바뀌었다. 이사한 즈음 개나리아 파트 주변에는 빈터가 많았지만 얼마 지나지 않아 아파트로 빽 빽한 대규모 단지가 되었다. 거기서 난 군에 입대할 때까지 살았 다. 1976년부터 1988년까지였다.

성인이 될 때까지 살았던 강남에 대한 기억이 내게는 많다. 어릴 적 추억을 공유하는 친구들이 많아서도 그럴 테다. 나이 예순을 바라보는 지금까지 우정을 나누는 친구들은 거의 초등학교부터 고등학교까지 만난 동창들이다. 잠시 외국 생활을 한 후 1990년대 중반부터 강남과 가까운 분당에서 사는 이유도 친한 친구들이 주변에 많이 살기 때문이다.

이런 점들이 작용해서일까. 취재를 위해 강남에서 오래 산 어르신들을 만나 인터뷰할 때면 난 강남을 고향으로 생각한다고 밝히곤 한다. 물론 어르신이 원래 고향은 어디냐고 물어오기도 한다. 그럴 때면 서울에서 태어나 자랐다고 하는데 상대가 만약 경상도 억양을 쓰면 부모님 고향이 경북이라고 한다. 그러면 어르신의 마음이 열리는 걸 느낄 수 있다.

그만큼 한국인들에게 동향은 동질감을 느끼게 하는 요소다. 하지만 앞으로도 그럴까? 어쩌면 지역이나 동네가 아니라 아파트 단지명이나 아파트 브랜드를 고향으로 내세울지 모른다. 예를 들어, '경북 ○○ 출신'이나 '전남 □□ 출신'이 아닌 '○○ 래미안 출신'이라거나 '□□ 아이파크 출신'임을 내세울지도.

[서울 토박이, 강남 토박이   ]

토박이란 무엇인가? 열띤 토론이 벌어졌다. 휘문고등학교 동창들이 퇴근길에 모여 한잔하는 자리였다. 내가 중학생 시절 경험한 토박이 논란을 털어놓았는데 친구들의 호기심을 자극한 모양이었다.

사전을 찾아보면 토박이는 "대대로 그 땅에서 오래도록 살아온 사람"[2]이나 "대대로 그 땅에서 나서 오래도록 살아 내려오는 사람"[3]을 의미한다. 두 개의 정의가 비슷한 듯하지만 다르다. 첫 번째 정의는 그 땅에서 '살아온 것'에 방점이 찍혔고, 두 번째 정의는 그 땅에서 '태어나고 살아온 것'에 방점이 찍혔다. 그런데 두 정의에서 공통으로 짚은 단서가 있다. '대대로'라는. 여러 대를 의미하는 부사다. 곁길로 빠진 우리들은 '대대로'는 과연 몇 대를 의미하는 것인가, 하는 문제를 논하기도 했다. 의견은 분분했지만, 다수결이나 합의로 결정할 수 있는 사안은 아니었다. 그

---

2   고려대 한국어대사전.
3   표준국어대사전.

래도 내가 '토박이'라는 화두를 고민하는 계기가 된 토론이었다.

내 기억을 소환하고 친구들의 호기심을 자극한 '토박이 논란'
은 중학교 1학년 때 벌어졌다. 말죽거리의 영동중학교에 입학한
1979년 3월 초, 우리 반 아이들은 조금은 불편한 일을 겪었다.
논현동 주택가에 사는 하얀 얼굴에 은테 안경을 낀 어느 아이가
급우들의 본적을 두고 작은 소란을 일으켰다.

본적(本籍)은 호적지가
있는 곳을 뜻하는데 대개
아버지의 고향 주소가 본
적지였다.[4] 지금은 쓰이
지 않는 개인 정보이지만
당시에는 곳곳에서 쓰였

다. 내 도곡국민학교 졸업   본적이 적힌 필자의 도곡국민학교 졸업장
장에도 '경상북도'라는 본
적이 새겨져 있다. 내 또래 남자들은 군 복무를 위해 신체검사를
받을 때도 본적지로 가야 했다. 본적은 뿌리를 중시하는 한국의
관습을 잘 보여주는데 사는 곳과 상관없이 본적이 그의 고향으
로 치부되던 시절이 있었다. 이 기준에 따르면 수유리에서 태어
나 서교동을 거쳐 역삼동에 사는 난 경상북도 출신이었다.

---

4   「호적법」상 호적이 있는 장소를 의미한다. 1960년부터 2007년까지 시행된 「호
    적법」에 따르면 본적은 호주의 출신지를 뜻했고, 가족은 호주의 본적을 따라야
    했다. 호주만 이를 바꿀 수 있었다. 「가족관계등록법」이 시행된 2008년부터는
    등록기준지가 호적을 대신해 쓰인다. 즉 본적은 공식적으로는 쓰이지 않는다.

학기 첫날 우리 반은 자기소개 시간을 가졌는데 담임은 출신지와 사는 동네, 그리고 졸업한 국민학교 정도를 밝히라고 했다. 당시 영동중학교에 다니는 대부분 학생은 다른 지역에서 이주한 가정 출신들이었다. 대개 서울의 강북 지역에서 왔다.

그런데 많은 급우가 서울 출신이라고 한 게 하얀 얼굴의 은테 안경을 낀 이 녀석의 심기를 거슬리게 한 모양이었다. 쉬는 시간이 되자 녀석은 같은 반 아이들에게 본적을 캐묻고 다녔는데 대개는 경상도나 전라도 같은, 서울 아닌 지역을 댔다. 그런데 왜 서울 출신이라 했냐며, 녀석은 같은 반 아이들을 힐난했다. 그 대상에는 나도 끼어 있었다.

그러고는 자기야말로 순수한 서울 토박이 그 자체라고 했다. 본적이 아예 서울이라며. 녀석은 종로구 가회동의 한옥에서 태어나 자랐고 일제강점기 때 세워진 유서 깊은 국민학교를 졸업했노라고 자랑스러워했다. 물론 자기 아버지도 그러했다며. 무엇보다 '사대문' 안에 살았음을 강조했다. 녀석은 사대문 안쪽 동네만이 진짜 서울이라고 했다.

똑똑해 보이는 데다 말도 조리 있게 해 같은 반 아이들은 녀석의 주장에 그저 입을 다물고 있을 뿐이었다. 어쩌면 공부까지 잘할지 모른다고 미리 꼬리를 내린 것일지도 모른다. 그 시절에는 왜인지는 모르지만, 공부 잘하는 아이들을 떠받들곤 했다. 그런데 공부는 별로였다. 최소한 나보다는 아래였다. 즉 상위권은 아니었다. 그래서인지 중간고사 결과가 나온 후 녀석은 좀 조용해진 듯싶다. 그러고 보면 서울 토박이라는 게 무슨 자랑거리인가 싶기도 하다.

어른이 된 후 이 친구가 떠오른 적 있다. 서울 곳곳을 탐사하며 도시 칼럼을 인터넷 언론에 연재하던 어느 날이었다. 당시 나는 서울의 한옥마을을 글감으로 준비하고 있었는데 답사 대상지에 종로구 가회동이 있었다. 서울의 대표적 한옥마을인 북촌에 있는. 그 순간, 하얀 얼굴에 은테 안경을 낀 그 친구가 떠올랐다. 아, '녀석의 고향이 여기구나!' 그런데 친구 이름이 기억나지 않아 중학교 졸업앨범을 뒤져봤다. 여러 번 봤지만, 친구의 사진은 없었다. 졸업 전 다른 동네로 이사해 학교도 옮긴 걸까.

친구 근황은 잠시 접어두고 참고 자료부터 챙겨 봤다. 그런데 가회동 일대의 한옥이 그리 역사가 깊지 않았다는 걸 알게 됐다. 가회동 등 북촌의 한옥들은 대개 일제강점기 건축왕으로 알려진 '정세권'이 주도해 지은 주택들이었다. 1920년대부터 정세권은 익선동과 북촌은 물론 당시 경성 여러 지역에 도시형 한옥을 건축했다. 이 과정에서 지배층이나 부자들이 살던 주택 등을 여러 필지로 쪼개는 도시형 한옥 개념을 도입했다.[5]

이들 한옥은 네모(ㅁ) 모양 안에 모든 구조를 집어넣었고, 부엌과 화장실을 새롭게 개량했다. 그래서 도시한옥 혹은 개량한옥으로 불리기도 한다. 아마도 이 친구가 살았다던 한옥도 어쩌면 1920년대 이후에 정세권이 지은 집일지도 모른다. 그러니 친구네는 종로구 가회동에서 수십 년 정도 살아왔을 가능성이 크

---

5   이경아, 『경성의 주택지』, 집, 2019, 29-32쪽.

다. 강남으로 이주한 1970년대 중반을 기준으로.

그런데 이 정도로 토박이라 칭할 수 있을까? 관련 문헌들을 찾아봤다. 하지만 제목이나 주제에 '토박이'가 들어간 문헌 중에서 내 궁금함을 달래주는 자료는 찾지 못했다. 토박이에 관한 정의나 연구보다는 대개 '토박이 언어'나 '토박이 식물' 같은 자료였다.

다만 지역 연구에서 언급한 '토박이'는 '지역 정체성'과 관련 깊다고 봤다.[6] 즉, 지역 정체성은 "각 개인과 집단이 특정 지역에서 머무르며 살아온 거주의 시간과 거주 형태 외에도 사람들마다의 주관적인 기억과 경험의 축적에 따라 그 내용이 달라진다."라는 것이다.[7] 다시 말해 지역 정체성을 갖게 되기까지는 충분한 거주 기간이 필요하고 또한 지역 공동체와의 상호작용이 계속해서 이루어져야 한다는 말이다. 따져보면 토박이는 토론으로 결정할 수 있는 개념이나 가치가 아니었다. 게다가 몇 대를 살아왔는지와 같은 정량적 수치로 정의할 수 있는 개념도 아니었다.

'서울 토박이'라는 화두를 가지고 있던 차에 마침 강남 토박이 논란도 경험했다. 몇 해 전 휘문고등학교 동창들이 모인 자리에서 '1970년대부터 강남에 살았던 우리가 강남 토박이'라는 취지의 표현을 누군가 했는데 한 친구가 이의를 제기했다. 1970년대에 강남의 아파트나 주택으로 이사한 이들은 사실 '이주민'이고 진짜 토박이는 따로 있다며.

---

6 송도영, 「이주의 역사를 통해 본 해방 후 서울 사람의 지역 정체성」, 『서울학연구』 제95호, 서울시립대학교 서울학연구소, 2024, 83-84쪽.
7 위 논문, 85쪽.

그 친구는 자기네 동네 사람들이야말로 원조 강남 토박이라고 주장했다. 친구는 도곡동의 '역말' 출신이었다. 역말은 수백 년 이상의 역사가 있고 역삼동 이름의 유래가 된 마을이다. 이 마을 주민들은 대대로 말죽거리 일대에서 농사를 지으며 살아왔다. 나는 역말 출신 친구의 말에 극히 공감했다. 고향이기도 한 강남의 역사에 관해 더욱 관심 가지게 된 계기이기도 했다. 이후 이 친구 덕분에 역말 사람들을 만날 수 있었고 귀한 증언도 들을 수 있었다.

역말 사람들 외에도 강남 땅에서 수백 년 대를 이어 살아온 집안의 사람을 만난 적 있다. 서초구 신원동의 본마을[8]에 사는 1944년생 김호태 어르신은 그의 집안이 13대째 본마을에서 살고 있다고 했다. 이분이야말로 진정한 강남의 토박이가 아닐까. 그러고 보면 중학교 시절 약간은 의기소침해 보였던 말죽거리 일대 농촌 마을 아이들이 진짜 강남 토박이일지도 모른다. 어쩌면 이들 동창 중에는 조상 대대로 내려온 땅을 물려받은 이들이 있을지도 모르고. 마침 2024년 11월, 서초구 내곡동, 염곡동, 신원동, 원지동, 우면동 일원이 이른바 '서리풀 지구'라는 신규 택지 후보지로 뽑혔다. 계획대로라면 그린벨트도 해제될 전망이다. 동창들이 그리워지는 건 왜일까.

---

8 내곡동 지명의 유래가 된 안골 마을은 본마을의 안쪽에 있는 마을이라는 의미다. 즉 본마을을 기준으로 마을 이름을 정한 것이다. 과거에는 신원동 일대가 근방의 중심이었다.

[　　　강남과 강북을 오가는 시내버스　　　]

　　중학생 시절 난 걸어서 등하교했다. 처음부터 걸어 다닌 건 아니었고 다른 교통수단을 경험한 다음에 결정한 일이었다. 말죽거리에 있는 영동중학교에 배정되었을 때 가장 먼저 떠오른 생각은, '멀구나'였다. 직선거리로 약 2km, 도로를 따라 가면 약 2.5km의 거리다. 걸으려면 걸을 수 있는 거리지만 지금의 강남세브란스병원 앞에서 뱅뱅사거리로 향하는 '도곡로'는 당시 도로공사 중이라 걷기에 힘든 길이었다.

　　그렇다고 역삼동에서 말죽거리로 곧장 가는 시내버스가 있는 것도 아니었다. 개나리아파트에서 시내버스를 타고 강남대로까지 간 다음 말죽거리행 버스로 갈아타야 했다. 내가 중학교에 입학한 1979년 초만 하더라도 그랬다. 어머니는 막내아들이 버스를 두 번이나 타고 학교에 다니게 되었다며 걱정을 많이 했다. 어머니의 기도가 통했는지 입학식 무렵 개나리아파트와 영동중학교 사이를 연결하는 교통편이 생겼다. 개나리 버스라는 노란색 소형버스였다.

개나리라는 이름이 붙었지만, 개나리아파트 측에서 제공한 버스는 아니고 개나리 1차 상가의 한 부동산중개소 대표가 마련한 버스였다. 물론 공짜는 아니었다. 그래도 걷기는 멀고 시내버스를 타기도 애매한 등교 수단을 해결해 준 고마운 버스였다. 아쉽게도 등교 때만 운영했다.

입학식 얼마 후 담임선생님은 학생들의 등교 수단을 조사했다. 걸어 다니는지, 자전거를 타는지, 아니면 시내버스나 자가용을 타고 학교에 오는지 등. 조사 후 선생님은 "손 들지 않은 두 놈 누구냐?"라고 버럭 했는데, 두 놈 중 한 명이 나였다. 선생님은 "대체 너넨 어떻게 학교에 오느냐?"라고 물었다. 난 "개나리 버스요."라고 대답했고 다른 한 명은 "아버지가 모는 택시 타고요."라고 대답했다. 선생님의 질문 의도를 너무 깊게 분석한 우리였다. 나는 개나리 버스가 시내버스가 아니니 손을 들지 못한 거였고 다른 친구는 택시가 자가용이 아닌지라 손을 들지 못한 거였다.

아쉽게도 개나리 버스는 오래 타지 못했다. 두어 달 운행하다가 말았는데, 왜 그랬을까 나중에 생각해 보니 자가용 영업이라 그랬던 것 같다. 그때나 지금이나 관련 법령은 영업용으로 허가받은 차량 아니면 돈을 받고 승객을 태우는 걸 금하고 있다. 개나리 버스는 영업용이 아닌 차량이었다. 당시 강남에는 개나리아파트처럼 통학 버스가 필요한 아파트 단지가 꽤 있었다. 학교가 많지 않았고 그나마도 멀리 있는 데다 대중교통까지 불편했기 때문이다.

1978년 5월의 한 신문 기사를 보면 서초동, 압구정동, 청담동의 아파트 단지 주민들은 소형버스를 구매하거나 빌려서 멀리 떨어진 학교에 다니는 자녀들을 등하교시켰다.[9] 다만, 자가용 영업으로 단속 대상이라 학생들이 불편을 겪고 있다는 취지의 기사였다.

비록 개나리 버스는 없어졌지만, 다행스럽게도 역삼동에서 말죽거리를 가는 직통 시내버스가 생겼다. 78-1번이 바로 그 버스다. 78-1번은 강남 일대를 크게 순환하는 시내버스였다. 대치동의 기점에서 도곡사거리, 선릉역 사거리, 강남구청 사거리, 학동사거리를 거쳐 압구정동 한양아파트와 현대아파트를 지났다. 그리고 신사동에서 강남대로를 올라타 말죽거리로 향했다.

이 버스의 종점은 말죽거리에서도 한참을 더 들어간 청계산 옛골에 있었다. 전체 경로를 지도에다 그리면 뒤집힌 알파벳 유(U)자 형태였다. 난 도곡사거리로 불리던 지금의 도성초교 사거리에서 버스를 탔다. 당시 78-1번 버스에는 말죽거리 일대 학교에 다니는 학생들이 주로 탔다. 영동중, 은광여중,[10] 은광여고, 그리고 상문고 학생들이 그들이다.

상문고와 은광여고는 2004년에 개봉한 영화 〈말죽거리 잔혹사〉에서 주인공들이 다닌 학교의 모델이 되었다. 영화에는 주인공들이 타는 시내버스도 나왔는데, 바로 78번 버스다. 〈말죽거리

9 「서울 신흥주택지 강남 지역 국교생 전세자가용 통학 성행」, <조선일보>, 1978. 05. 09.
10 2006년에 남녀공학이 되며 은성중학교로 교명이 변경됐다.

잔혹사〉 개봉 후 극장에서 영화를 보던 나는 낯익은 장면이 나와 반가웠던 기억이 있다. 당시 도곡사거리에서 78-1번을 타면 영화에서처럼 학생들로 가득했다. 지금은 그런 풍습이 없지만, 그 시절 자리에 앉은 승객은 서 있는 승객의 가방이나 짐을 받아줬다. 덕분에 만원 버스에서 무거운 가방을 들고 있지 않아도 되었다. 영화에 나온 것처럼 받아주기 전에 먼저 올려놓는 학생도 있었고.

문제는 버스가 이미 만원인데 계속 승객이 탄다는 거였다. 체구가 아직 국민학생이었던 난 견디기 힘들었다. 결국 걸어 다니기로 했다. 동지도 생겼다. 같은 도곡국민학교 출신에다 개나리 아파트에 사는 친구들이었다. 복잡한데 시간까지 오래 걸리는 78-1번 버스를 타는 것보다는 걷는 게 좋을 것이라며 우리들은 의기투합했다. 친구들과 난 영동중학교 졸업 후 함께 휘문고등학교에 진학했고 지금까지도 좋은 친구로 지내고 있다.

〈말죽거리 잔혹사〉에 출연한 78번 버스는 실제 1970년대와 80년대에 강남과 강북을 이어주어 강남 주민들이 많이 이용한 시내버스였다. 당시 말죽거리와 도곡동 등 강남의 여러 동네를 거쳐 한남대교를 건넌 후 이태원과 용산 국방부 앞을 지나서 서울역까지 갔다.

1960년대에 주로 강북 주택가와 도심을 오가던 78번 버스가 강남과 강북을 이어주는 버스로 재편된 건 1970년경이었다. 처음에는 잠원동에서 한남동과 삼각지를 거쳐 서울역을 오갔다.[11] 이 버스가 말죽거리를 기점으로 한 시기는 1973년경부터였다.[12] 그리고 1975년경에는 청계산 인근의 원지동을 기점으로 한 것으로 보인다. 당시 신문에 배차 시간이 너무 길다며 원지동 주민들이 항의했다는 기사가 실렸다.[13]

서교동에 살던 1975년, 3학년이었던 난 어머니와 78번 버스를 탄 경험이 있다. 당시 어머니는 나를 데리고 청계산 기도원을 가서는 며칠 머물렀다. 매미 소리가 시끄러웠으니 여름방학이었을 것이다. 그때 서울역에서 78번을 탔었다. 1976년에 개나리아파트로 이사하던 날 어머니는 동네를 지나는 78번 버스를 보고는 청계산 기도원에 갈 때 탄 버스와 같은 번호라며 반가워했다. 어머니는 기도해야 할 문제가 생기면 기도원에 가곤 했다. 대개 속상한 일이었을 것이다. 개나리아파트에서 살 때도 어머니가 종종 갔던 청계산 기도원은 지금도 청계산자락에 있다.

개나리아파트 앞 도로로는 다른 번호의 시내버스들도 다녔다. 1970년대 말과 80년대에 걸쳐 내가 즐겨 탄 시내버스는 78번과 83번, 그리고 11번과 17번이었다. 그 시절 난 버스 타고 돌아다니는 걸 좋아했다. 78번 버스는 한강 건너 용산구 한남동을 지났는데 도로 옆 계단 위로 보이던 태평극장이 인상적인 풍경이

---

11 「버스 노선 번호 1일부터 모두 바꿔」, <동아일보>, 1970. 03. 30.; 「1970년 서울시내버스 노선번호 개편」, 위키백과.
12 「47개 노선 조정」, <경향신문>, 1973. 03. 14.
13 「독점운행 78번 버스 운행시간 엄수하라, 원지동 주민들 항의」, <동아일보>, 1975. 11. 25.

었다. 친구들에게 78번 버스에 관한 추억을 물어보면 태평극장으로 올라가는 계단을 떠올리곤 했다. 계단 너머로는 상영 중인 영화 간판이 보였었다. 신성일 배우가 운영하기도 했던 태평극장은 1980년 말에 문을 닫았지만, 건물은 한동안 그 자리에 남아 있었다. 신중현이 헤비메탈 전문 공연장을 운영한 시절도, 찜질방이 들어선 적도 있었다. 극장 건물은 오래전에 헐렸고 지금은 계단만 흔적으로 남아 있다.

78번 버스는 언젠가 사라졌고 청계산을 기점으로 하는 78-1번, 서초동 일대를 지나는 78-2번, 개포동을 기점으로 하는 78-3번으로 갈라졌다. 78-1번 노선은 오늘날 4432번 버스가, 78-2번 경로 일부를 0411번 버스가, 78-3번 경로 일부를 400번 버스가 이어받았다. 4432번은 이 책을 쓰면서 내가 자주 탄 버스이기도 하다. 서초구 신원동과 원지동에 취재하러 갈 일이 많았기 때문이다.

83번 버스는 남산을 거쳐 남대문시장과 광화문을 순회했다. 어머니 따라 남대문시장에 갈 때 주로 탄 기억이 있다. 난 이 버스가 지나는 길을 좋아했다. 특히 남산 중턱의 '소월로'를 달릴 때 남산이 올려다보이고 서울 도심이 내려다보이는 풍경이 어린 마음에도 인상적이었다. 나중엔 83-1번으로도 갈라졌는데 오늘날 402번 버스가 83-1번 경로의 일부를 달린다. 소월로를 달리면서 철마다 옷을 바꿔 입는 남산의 자태를 감상할 수 있는 노선이다.

11번 버스는 역삼동에서 압구정동을 거쳐 수유동 일대까지

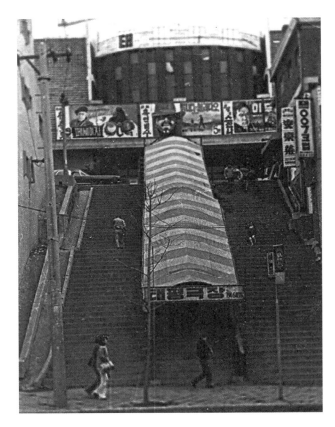

태평극장과 한남동 계단. 1970년대와 80년대 78번 버스를 타고
한남동과 이태원을 지나가다 보면 볼 수 있는 풍경이었다.

운행했다. 수유동은 내가 태어나 자란 곳이기도 해 국민학생 시절 고향 가는 마음으로 타고는 했다. 그러다 중학교 고학년과 고등학교에 올라가며 발길이 멀어졌다. 11번 버스가 다닌 경로는 오늘날 141번 버스 노선과 일부 비슷하고 140번과 144번도 일부 비슷하다.

17번 버스는 내가 가장 많이 이용한 버스였다. 난 초등학교 6학년 여름방학 때 서울운동장에서 열린 봉황대기 야구대회를 거의 매일 보러 다녔다. 17번은 장충체육관과 서울운동장 그리고 동대문을 거쳐 청량리를 지나 신내동까지 운행하는 버스였다. 오늘날 420번 버스가 이 경로를 운행한다.

요즘에도 난 시내버스를 타고 돌아다니는 걸 좋아한다. 특히 서울 탐사 글을 쓰기 위해 답사를 다닐 때면 항상 시내버스나 마을버스를 이용한다. 지하철에게는 미안하지만, 풍경을 구경할 수 있는 버스를 나는 더 좋아한다. 시간이 오래 걸려도 도시의 얼굴과 그 모습이 변하는 과정을 지켜볼 수 있는 버스 여행이 난 참으로 좋다.

[　　도곡동에 없는 도곡초등학교　　]

　　난 서울 도곡국민학교를 졸업했다. 그런데 도곡국민학교는 어디에 있을까? 공립학교는 대개 학교가 자리한 지역의 이름을 따 교명을 지으니 도곡동에 있다고 생각할지도 모른다. 그런데 도곡국민학교, 즉 도곡초등학교는 강남구 도곡동에 없다. 도곡동에 속했다가 분리된 역삼동에 있는 것도 아니다.[14] 도곡초등학교는 대치동에 있다. 여느 공립학교처럼 학교가 속한 지역의 이름으로 교명을 지은 게 아니었다.

　　국민학생 시절 나의 통학로를 기준으로 삼으면, 도곡국민학교는 개나리아파트를 지나서 영동아파트 사이로 난 길, 지금의 선릉로69길에서 선릉로를 건넌 후 선릉로68길로 약 200m를 걸어가면 교문이 나왔다. 그러니까 도곡초등학교는 역삼동 영역을

14　서울 편입 후 역삼동은 도곡동의 행정적 관할 아래에 있었다. 즉 행정동인 도곡동이 법정동인 역삼동의 행정 업무를 담당했다. 그러다 1977년 9월부터 역삼동이 행정동으로 분리되면서 도곡동과 관할 구역을 조정했다. 필자의 주민등록 서류를 보면 개나리아파트가 도곡동에서 역삼동으로 주소가 변경되었다.

벗어나 대치동 영역으로 수백 미터를 들어간, 도곡동과도 거리가 먼 위치에 있는 것이다.[15]

대치동에 자리한 도곡초등학교는 원래 1974년 9월 '대치국민학교'라는 교명으로 학교 설립이 인가되었고, 1975년 3월 12일에 개교했다. 그런데 보름여가 지난 3월 28일에 학교 이름이 '도곡국민학교'로 변경됐다.[16] 대체 왜 이런 일이 벌어진 걸까?

당시 신문에 학교 이름 때문에 벌어진 소동이 자세히 소개되었다.[17] 기사를 참조하면, 1974년경 학교 건축공사에 들어갔을 때 도곡국민학교는 행정구역상 학교 부지의 약 5분의 3이 대치동에 속했고 나머지는 도곡동에 속했다.[18] 그 전만 해도 대치동 어린이들은 삼성동에 있는 언북국민학교에 다녀야 했다. 대치동에서 약 4km 떨어진 거리에 있는 학교였다. 그래서 가까운 곳에 학교가 들어서게 되자 대치동 주민들은 내심 기뻐했다고 한다. 게다가 도곡동에도 부지가 걸쳐 있지만 대치동의 이름을 따 학교 이름을 지어서 더욱 기뻐했다고.

그런데 개교한 지 며칠 지나지 않아 이름을 변경했으니 대치

---

15 테헤란로 남단을 기준으로 선릉로 서쪽은 역삼동이고 동쪽은 대치동이다. 또한, 도곡로 남단을 기준으로 선릉로 서쪽은 도곡동이고 동쪽은 대치동이다.
16 서울 도곡초등학교(홈페이지>학교 연혁)
17 「국교 이름 싸고 두 동서 신경전」, <조선일보>, 1975. 04. 06.
18 1963년 강남 지역이 서울로 편입되었을 때 동 경계는 구릉이나 하천 등 자연의 굴곡을 따라 정해졌는데 강남 일대가 신도시로 개발되며 차츰 도로를 경계로 행정구역 경계를 조정하게 되었다. 오늘날 대치동과 역삼동의 경계는 선릉로다. 위 기사에서는 1975년 학교의 일부 부지가 도곡동이라 언급되었지만, 나중에 두 동의 경계가 조정되었고 지금은 학교의 모든 영역이 대치동에 속한다.

동 주민들이 반발할 수밖에 없었을 테다. 이들은 '교명 환원 대책 위원회'를 구성해 학교와 서울 동부교육청에 항의했다. 학교와 교육청은 도곡동 쪽에 학생이 더 많은 데다, '대치'라는 어감이 좋지 않아 변경하게 되었다고 답변했다.

1975년 기준으로 도곡국민학교는 약 1,300명의 재학생이 있었는데 이 중 약 900명이 도곡동에 거주했다고 한다. 당시 대치동은 주택단지 위주로 개발되었고 당시 도곡동, 지금의 역삼동 일대는 영동아파트와 도곡아파트 등 대단위 아파트 단지로 개발되었다. 또한 1976년 말부터는 개나리아파트도 입주가 시작될 예정이었다. 도곡동 쪽에 학생 수가 더 많을 수밖에 없었다.

대치동 주민들은 도곡동 쪽에 인구가 더 많으니, 선거를 앞두고 유권자의 여론을 염두에 둔 건 아닌지 하는 의문을 가졌다. 그리고 학교 설립에 지역 차별이 있는 건 아니냐고 항의도 했다. 논현동엔 논현국민학교가, 삼성동엔 언북국민학교가, 그리고 도곡동엔 언주국민학교가 있지 않냐면서. 이런 반발에도 '도곡'이 교명으로 자리 잡은 걸 보면 소동은 조용히 마무리된 것으로 보인다. 이미 학기가 시작되었고 어른들의 소란이 아이들이 공부하는 데에 방해가 될까 물러선 게 아니었을까.

위 기사를 읽으며 흥미로운 대목이 있었다. 재학생 규모다. 1975년에 약 1,300명이 도곡국민학교에 다녔다. '학교알리미' 사이트를 참고하면, 2024년 도곡초등학교 신입생은 83명이고 전체 재학생은 약 830명이다. 1975년과 2024년을 비교하면 재학생 규모가 크게 차이 난다.

그런데 1970년대에는 해가 갈수록 재학생 숫자가 늘어났다. 강남으로 인구가 몰리며 자연스럽게 학령기 어린이 숫자도 함께 늘어났기 때문이다. 내가 전학한 1976년 말에 우리 반 숫자가 80명이 넘었는데 겨울방학이 끝나자 더욱 불어났다. 급기야는 6학년에 올라가기 전인 1978년 2월 학기에는 우리 반 학생 숫자가 100명이 넘기까지 했다.

　　6학년 1학기에는 7반까지 있었지만 2학기에 한 반이 더 늘어났다. 나는 7반이었다가 새로 만든 8반으로 가게 되었다. 지금도 8반 친구들은 자주 모이는데 당시 외인구단으로 취급받았다는 전우애로 뭉치곤 한다. 졸업사진에 나온 8반 동창은 모두 87명이다. 한 반에 최소 80명이 있었다고 가정하면 8개 반이었으니 6학년 숫자는 약 640명이다. 이를 6개 학년으로 추산하면 3,840명이다. 당시 강남 일대의 국민학교에는 학생들로 넘쳤다. 그래서 새로운 학교가 개교했고, 기존 학교에서 신설 학교로 학생들을 보내기도 했다. 신설 학교 인근에 사는 아이들이 그 대상이었다.

　　도곡국민학교도 마찬가지였다. 1979년에 논현동의 학동국민학교로, 역삼동의 역삼국민학교로, 도곡동의 대도국민학교로 재학생을 보냈다. 1981년에는 역삼동의 도성국민학교로. 1983년에는 개포동의 개포국민학교로, 그리고 1985년에는 대치동의 대현국민학교로 재학생들을 보냈다. 신설 학교들의 위치를 보면 한때 도곡초등학교는 강남구의 넓은 지역을 학군으로 커버했던 학교였음을 알 수 있다.

한 살 아래인 내 아내도 도곡국민학교 출신이다. 즉 초등학교 후배다. 처남과 처제도 마찬가지고. 당시 아내의 집은 코엑스 서쪽의 삼성동 주택가에 있었는데 오늘날 먹자골목이 있는 동네다. 아내는 1970년대 후반 아침마다 동생들을 데리고 테헤란로를 건너 학교에 다녔다고 했다. 이 시절 삼성동 일부 동네도 도곡초등학교 학군이었다. 아내 남매처럼 테헤란로 북쪽의 삼성동에서 도곡국민학교를 다닌 아이들도 있었지만 테헤란로 북쪽의 역삼동에 살았던 어떤 친구는 오히려 다른 학교로 전학해야 했다. 이 사연의 주인공 박한석은 나처럼 도곡국민학교와 영동중학교, 그리고 휘문고등학교를 졸업한 친구다.

안암동에 살았던 그는 3학년(1975년) 2학기 무렵 지금의 역삼동 상록회관 인근 주택가로 이사해 도곡국민학교로 전학했다. 하지만 4학년(1976년) 1학기에 영동시장 근처의 논현국민학교로 옮겨야 했다. 친구가 살았던 주택가가 오늘날에는 역삼동에 속하지만, 당시 한때 논현동에 속했던데다 학군 조정까지 있었기 때문이다. 한석은 지금의 언주역 일대 언덕을 걸어 넘으며 통학한 고생담을 털어놓곤 했다. 그러다 6학년(1978년) 2학기에 역삼동 개나리아파트로 이사해 다시 도곡국민학교로 전학했고, 나와 동창이 되었다.

여담 하나. 그 시절 개나리아파트에 살면 휘문중학교로 배정된다는 소문이 있었는데 나와 한석은 물론 개나리아파트에 살던 도곡국민학교 남자 동창 중 많은 친구가 말죽거리의 영동중학교에 가게 되었다.

동창들 이야기를 들어보면, 부모님 중에는 중학교와 고등학교 추첨을 염두에 두고 강남으로 이주를 결행한 분들도 있던 것 같다. 당시 강남 이주를 독려한 당근책 자체가 이른바 명문 고등학교에 입학할 수 있는 확률이 높다는 거였으니까. 그래서인지 휘문중 배정에 유리한 동네가 어디라거나 경기고등학교 배정에 유리한 동네가 어디라는 근거 없는 소문이 돌곤 했었다. 이런 바람과는 달리 엉뚱한 학교에 배정받아 우울한 표정을 짓는 친구도 있었지만.

오늘날 중학교나 고등학교는 근거리 배정이 원칙이고 특히 초등학교는 사는 동네, 즉 학군에 따른 학교에 다니게 된다. 그래서 개나리아파트나 영동아파트를 재건축한 역삼동의 아파트 단지에 사는 어린이들은 도곡초등학교에 다니지 않는다. 도성초등학교로 배정받는다. 1981년에 개나리아파트 단지 사이에 들어선 학교다.

2024년 현재, 도곡초등학교에 다니는 어린이들은 대개 학교 인근 대치동 주택가에서 산다. 단독주택은 물론 빌라나 연립 등 다가구주택이 많은 동네다. 물론 대치동에는 은마아파트와 같은 아파트 단지도 많다. 대치동은 언제부터인가 사교육 1번지로 유명하다. 강남의 뜨거운 교육열을 상징하는 동네이기도 하다. 1975년 대치동 사람들이 학교 이름을 바꾸라며 소동을 벌인 일화는 어쩌면 훗날의 8학군 신화를 일군 교육열을 예시하는 건 아니었을까.

말죽거리의 중학교에 모인
도시 아이들과 농촌 아이들

휘문중 아니면 영동중이었다. 1979년 도곡국민학교를 졸업한 남자 동창들이 주로 배정된 중학교는. 종로구 원서동에 있던 휘문중학교와 휘문고등학교는 1978년에 대치동으로 이전해 새 건물과 최신 시설을 자랑하는 학교였다. 지금의 양재역사거리와 뱅뱅사거리 사이에 있던 영동중학교는 주소상 서초동이었지만 말죽거리라 불리는 동네에 있었다.[19]

내심 난 휘문중학교에 배정되길 바랐다. 대치동에 있는 휘문중은 역삼동 개나리아파트 입구에서 찻길을 따라가다 횡단보도를 두 번 건너면 나왔다. 그리 멀지 않았고 무엇보다 야구부가 있는 학교였다. 국민학생 시절 난 야구를 즐겨 했고 보는 것도 좋아했다. 6학년 여름방학 때는 서울운동장[20] 야구장에서 열린

---

19 1969년에 개교한 영동중학교는 지금의 서초문화예술정보학교(서초동) 자리에 있다가 2013년에 우면동으로 이전했다.

20 서울운동장은 1925년 '경성운동장'으로 개장되었다. 동대문과 광희문 사이의 한양도성 일부를 허문 자리에 들어섰다. 조선시대에 그 일대에는 훈련원 등 군사 시설이 있었다. 광복 후 '서울운동장'으로 이름을 바꿨고 1985년에는 '동대

봉황대기[21] 야구를 보러 다닐 정도였다. 그것도 거의 매일, 혼자서.

그 여름, 어린 눈에도 모교를 응원하는 학생들과 졸업생들의 모습이 멋져 보였다. 야구부가 있는 학교에 가고 싶어질 정도로. 때마침 야구부가 있는 휘문중학교가 이전해 와서 다행이라고 생각했다. 하지만 난 영동중학교로 배정됐다. 집에서 먼 데다 대중교통이 애매했고 무엇보다 말죽거리라는 어감이 시골스러운 동네에 자리한 학교였다. 그래도 남녀공학이라는 소문이 있어 힘을 내보기로 했는데 남자 중학교로 전환되었다는 비보를 접했다.[22] 잠시 실망했지만, 곧 회복할 수 있었다. 친한 친구들이 영동중학교에 배정되었기 때문이다. 같은 도곡국민학교 출신에다 한동네에 사는 녀석들과 나는 중학교 3년 내내 붙어 다녔다.

영동중학교 건물은 두 동이라 규모가 그리 크진 않았지만, 많은 학생으로 북적인 학교였다. 당시 서초구는 생기기 전이었고 아직은 강남구에 속했던 시절이었다. 그래서 지금의 강남구 영역

문운동장'으로 바꿨다. 그러다 2007년에 철거되었고 DDP와 동대문역사문화공원이 들어섰다.

21 1970년대까지 고교 야구의 인기는 지금의 프로야구 못지않았다. 특히, 여름방학에 열리는 봉황대기는 지역 예선이 없어 야구부가 있는 거의 모든 고등학교가 참가할 수 있었다. 당시 봉황대기가 열리는 서울운동장 야구장은 출전 학교 동문뿐 아니라 그 학교 인근 출신들이 모이는 축제의 장이나 마찬가지였다.

22 영동중학교는 1970년 양재여자중학교라는 여자 학교로 개교했는데 1973년에 영동중학교로 개명하며 남녀공학이 되었다. 그러다 1977년부터 남학생만 입학했다. 2004년 1학기부터 다시 남녀공학으로 전환했고 2013년에는 우면동으로 학교를 이전했다.

과 서초구 영역, 즉 강남 전역에서 학생들이 모여들었다.

1979년에 입학한 우리 학년은 열여덟 개 반이 있었고 한 반에 약 70명이 있었다. 그러니까 중학교 동기가 약 1,200명이 넘는다. 다른 학년도 비슷한 규모라면 전교생이 대략 3,600명이다. 이렇게 많은 학생이 군복을 닮은 검은색 교복을 입고 경찰 모자를 닮은 검은색 교모를 쓰고 조회를 위해 운동장에 모이면 마치 질서정연한 개미 떼를 보는 듯했다. 학기 초마다 애국조회[23] 입장 동선과 퇴장 동선을 연습하느라 운동장에는 연막탄이 터진 듯 뿌연 흙먼지가 피어오르곤 했다.

이렇듯 중학교는 환경부터 달랐다. 머리를 짧게 자르고 목을 조이는 교복을 입으니, 뭔가 통제받는 듯한 압박감이 들기도 했다. 학교 선배가 된 동네 형에게는 존댓말을 써야 했다. 입학식 전날까지만 해도 반말을 사용했었는데. 그래도 의지할 데가 있었다. 도곡국민학교 동창이 많았으니까.

1979년 2월 도곡국민학교를 졸업한 학생 수는 약 640명이었고, 대략 절반은 남학생이었을 것이다. 그리고 남학생 중 절반 정도는 영동중학교에 배정되었을 것이고. 그러니 적어도 100명 이상은 도곡 출신이 아니었을까. 잔뜩 긴장한 마음에 들어선 1학년

---

23 1970년대와 80년대, 필자가 초등학교부터 고등학교에 다닐 때 매주 월요일 아침마다 운동장에서 애국조회를 했다. 국기에 대한 경례와 애국가 제창이 있었고, 국민교육헌장 낭독과 교장의 훈화가 이어졌다. 일제강점기 각급 학교에서 진행된 '운동장 조회'의 전통을 광복 후에도 이어오다가 1970년대 들어서 '애국'을 강조한 것으로 보인다. 지금도 '애국조회'라는 명칭의 행사가 열리는 학교가 있다.

교실에 도곡 동창들 얼굴이 여럿 보이자 무척 반가웠던 게 기억난다. 쉬는 시간이면 자연스럽게 동창들과 어울렸다. 도곡 출신들만 그런 건 아니었다. 다들 자기가 졸업한 국민학교 동창들과 어울렸다. 예를 들자면, 논현국민학교는 논현 출신끼리, 언주국민학교는 언주 출신끼리, 그렇게 같은 학교 출신끼리.

학기 초의 낯섦과 어색함은 시간이 흐르며 사라져 갔다. 차츰 가까워지며 같은 중학교에 다닌다는 유대감이 쌓여 간 것이다. 그래도 사는 동네 혹은 주거 공간이 다른 점에서 오는 간극은 있었다. 새롭게 개발된 지역의 아파트나 주택에 사는 아이들과 말죽거리 일대의 전통 마을에 사는 아이들, 굳이 구분하자면 도시 아이들과 농촌 아이들은 다르게 보였다. 차별적 시각이 분명했지만, 어린 눈에는 그렇게 비쳤다.

내가 중학교에 다닌 1970년대 말과 80년대 초만 하더라도 강남구에 농촌이 있었다. 특히 말죽거리 주변과 남쪽 일대에 몰려 있었다. 도곡동, 양재동, 염곡동, 내곡동, 세곡동, 우면동, 신원동, 원지동 등. 당시 말죽거리는 강남 지역 농업의 중심지였다. 도곡동의 언주국민학교 인근에는 농촌지도소가 있었는데 내가 중학교 1학년 때 들어섰다.[24] 언젠가 역말을 지날 때 농촌지도소 건물을 보며 신기해했던 기억이 있다. 농촌지도소 개소 소식을 전한 과거 신문 기사에는 농촌지도소 지번이 역삼동으로 나와 있

---

24 「역삼동 농촌지도소 새 청사 준공」, <동아일보>, 1979. 03. 21.

지만 지금의 도곡1동 주민센터가 들어선 자리에 있었다.[25]

이들 농촌 마을에 사는 아이들은 도시에 사는 아이들과 달라 보였다. 우선 햇볕에 많이 노출된 듯 피부가 어둡고 거칠었다. 반면 아파트나 주택에 사는 아이들은 상대적으로 피부가 하얀 편이었다. 아무리 똑같이 머리를 박박 밀고 똑같은 교복을 입었어도 태가 달랐다. 편견이었겠지만 공부도 도시 아이들이 잘하는 것처럼 보였다. 반면 농촌 아이들은 운동을 잘했다. 다른 반과 축구나 야구 시합할 때면 농촌 아이들 인기가 올라갔다.

3학년 때 친해진 친구가 있었다. 우리는 대학가요제 출신 그룹사운드[26]를 좋아한다는 공통점으로 친해졌다. 대학생이 되면 대학가요제에 출전하고 싶다는 그런 이야기를 함께 나누기도 했다. 어느 토요일 방과 후 나는 이 친구 동네에 놀러 갔다. 78-1번 버스 종점인 청계산 옛골에서 내려 대왕저수지 주변에서 놀았다. 친구네 집은 종점 안쪽에 있다고 했는데 집에 데려가진 않았다. 그 일대는 농촌 그 자체로 보였다. 그다음 주 토요일에는 친구가 우리 집에 와서 기타를 가르쳐줬다. 친구는 좌변기가 있는 수세식 화장실을 처음 봤다고 했다.

그런데 그날 이후 우리 둘이 얽힌 기억은 떠오르지 않는다. 아무리 생각을 쥐어짜 봐도 그렇다. 고등학교 입시를 앞두고 서

---

25 서울시 농촌지도소는 1999년에 '서울특별시 농업기술센터'로 이름을 변경했고, 도곡동에 있던 청사는 2005년에 내곡동의 헌인릉 인근으로 이전했다.

26 전자기타, 베이스기타, 키보드, 드럼 등으로 구성된 밴드를 당시는 그룹사운드라 불렀다.

서히 멀어졌을까. 인정하긴 싫지만, 아마도 내가 어떤 벽을 세웠던 것 같다. 중학교 졸업앨범에서 나와 친하게 지낸 동창들 면면을 보면 대개 도곡 출신이거나 강남의 아파트 혹은 주택가 출신들이다. 지질한 마음에 난 비슷한 환경의 친구들 주변에 머물렀나 보다. 지금에 와서야 왜 그랬을까 후회하곤 하지만.

중학교 졸업 이후 이 친구의 소식은 모른다. 중학교 동창들에게 수소문해도 근황을 잘 모른다는 답이 왔다. 친구 얼굴을 졸업앨범에서 찾아보았다. 앨범에는 주소도 나와 있는데 친구네 집은 청계산자락 신원동에 있었다. 내게 친구의 모습은 중학교 졸업 무렵 소년의 얼굴로 남았다. 만약 친구도 날 기억한다면 아마도 졸업앨범에 나온 소년 시절의 내 얼굴이 아닐까.

[그 시절 아파트 집들이의 필수 코스]

　　어머니가 세상을 떠난 후 이모들을 만나면 개나리아파트가 생각났다. 어머니와 이모들이 얽힌 옛 기억 덕분이었다. 내가 아파트 소년이 된 건 1976년 8월경부터였다. 그전에는 마포구 서교동의 2층짜리 양옥 주택에서 살았고 서교동으로 이사하기 전에는 수유리의 도시한옥[27]에서 살았다.

　　우리 가족은 경상북도 상주 출신으로 1960년대 초반에 서울로 이주했다. 부모님의 2남 2녀 중 막내아들인 나만 서울에서 태어나고 자랐다. 우리 가족이 강북을 떠나 강남으로 이주한 건 돈문제가 생겨서였다. 아버지 사업에 긴급자금이 필요해 집을 급매로 처분해야 한다는 어른들의 말을 오며 가며 들었다. 급매 후남은 돈으로 부모님과 내가 살 집과 형 부부가 살 집을 구해야했는데 마침 강남에 들어서고 있던 아파트가 우리 집 재정 형편에 딱 맞았던 거 같다.

27　1930~1960년대 도시 지역에 건축된 전통 한옥의 구조와 재료를 개량하거나 단순화한 중소 규모의 주택을 말한다.(염복규, 『서울의 기원 경성의 탄생』, 이데아, 2016, 270쪽) 한옥과 양옥의 특성을 섞어서 건축해 '개량한옥'으로도 불렀다. 또한 건축업자들이 지어 '집 장사 집'이라 부르기도 했다.

그래서 여름방학이 끝나가던 어느 날 난 학교 친구들에게 전학 간다는 인사도 못 한 채 관악구 방배동[28]의 삼호아파트로 이사했다. 원래 들어가기로 했던 도곡동[29]의 개나리아파트는 12월에야 입주할 수 있어서 임시로 살았다. 방배동에서 마주한 아파트의 첫인상은 숨을 공간이 없다는 거였다. 세 개의 방에서 부모님과 나, 형 부부와 조카, 그리고 결혼을 앞둔 작은누나가 함께 살아야 했다. 반면 서교동 집은 숨바꼭질 명당이었다. 조카들이나 사촌들이 오면 숨바꼭질하곤 했는데 너른 마당과 깊은 지하실, 그리고 옥상 등 집 안 곳곳에 숨을 곳이 많았다.

어쨌든 나는 방배동 삼호아파트에 사는 그 몇 달 동안 아파트라는 공간에 조금씩 적응해 갔다. 어머니도 마찬가지였는데 도시가스가 연결되고 온수가 바로 나오는 것에 만족스러워했다. 서교동 시절에는 가스통을 배달시켜야 했고 석유 가격이 비싸다며 기름보일러는 바닥의 냉기만 가시게 틀었다. 그러니 세면대의 온수 꼭지는 장식품이나 마찬가지였다.

약 3개월 후인 1976년 12월 초 도곡동의 개나리아파트로 이사할 즈음 나는 원숙한 아파트 소년이 되어 있었다. 더 좁은 아

---

28 현재는 서초구이다. 1963년 1월 서울로 편입되었을 때 영등포구였던 방배동은 1973년 7월에 관악구로 분구했다. 1980년 4월에는 강남구로 편입되었다가 1988년 1월에 서초구로 분구했다.

29 개나리아파트는 역삼동에 있다. 하지만 1976년 12월경 역삼동은 도곡동이 행정을 담당했다. 그러다 1977년 9월부터 역삼동이 행정동으로 분리되면서 도곡동과 관할 구역을 조정했다. 필자의 주민등록 서류를 참고하면, 전입할 때는 도곡동 개나리아파트였는데 나중에 역삼동 개나리아파트로 동이 변경되었다.

파트로 이사했지만, 부모님과 내가 살기에는 충분하게 넓었다. 형네 가족은 같은 아파트 다른 동으로 이사했고 작은누나는 잠시 함께 살다가 이듬해 봄 결혼 후 잠실의 신혼집으로 들어갔다.

도곡동 개나리아파트의 첫인상은 실내가 무척 덥다는 거였다. 겨울이 시작되는 12월이라 나는 10년이라는 평생을 그래왔던 것처럼 내복을 꺼내 입었다. 실내는 땀이 날 정도로 더웠지만, 내복 착장은 겨울이면 맞이하는 통과의례나 마찬가지였기에 포기하기가 쉽지 않았다. 어차피 바깥에 나가서 놀거나 학교에 가려면 내복을 입어야 해서 번거로웠을 수도 있었다.

그랬던 나는 어느 날부터인가 실내에서 내복 입기를 포기했나 보다. 겨울방학이 되자 성북구 장위동에 살던 이모네 가족이 놀러 왔는데 내가 반소매 차림이라 이모와 사촌들이 신기해했던 게 기억난다. 내복은 물론 두꺼운 스웨터에 두툼한 외투를 입은 사촌들은 집에 들어서자마자 얼굴이 발개질 정도로 실내는 따뜻함을 넘어 더웠다.

장위동 이모는 어머니의 동생으로 딸 셋을 뒀는데 모두 내 또래였다. 이모부가 몇 해 전 세상을 떠나 가장이 된 장위동 이모를 어머니는 항상 궁휼히 여겼다. 그런데 큰언니가 이사했다니 집들이 삼아 방문한 그날은 이모가 오히려 어머니를 안쓰럽게 여기는 것 같았다.

넓은 단독주택에 살던 언니가 마당도 없는 좁디좁은 아파트로 이사한 게 안타까웠을까, 이모는 어머니를 위로했다. 평소와 달랐던 자매의 분위기가 그 후로도 생각나곤 했다. 이날 반전이 있었는데 그 때문에 더욱 생각나는 건지도 모른다.

그 일은 식사 후 벌어졌다. 차례대로 화장실에 들어간 이모와 사촌들은 한결같이 눈이 동그라진 표정으로 화장실을 나왔다. 온수 꼭지를 돌리자마자 더운물이 나왔으니 말이다. 지금은 너무나 당연한 모습이지만 당시로서는 놀라운 장관이었다. 한국 가정집에서 더운물은 거저 구할 수 없었던 시절이었으니까. 우리 가족도 수유리나 서교동에 살 때는 머리를 감거나 혹은 한겨울에나 더운물을 쓸 수 있었다. 그것도 큰 솥에다 데워서. 그래도 서교동 집은 부엌에 수돗물이 나왔으니 멀리 옮겨야 하는 수고는 없었다.

하지만 장위동에 사는 이모네는 사정이 좀 달랐다. 1979년 6월 한 신문에 장위동을 다룬 기사가 실렸다.[30] 기사 제목부터 상수도 설치가 되어 있지 않다고 표현할 정도로 장위동은 생활 기반 시설이 열악했다. 장위동뿐 아니라 1970년대 후반 서울에는 펌프로 지하수를 퍼 올려야 하는 집이 많았다. 이모네 마당에도 작두펌프가 있었다.

더운물을 쓴다는 건, 마당에서 펌프로 물을 길어 부엌으로 옮긴 다음 아궁이 위 솥에다 붓고 끓인 후 찬물과 섞어 쓴다는 걸 의미했다. 이렇듯 더운물은 누군가의 노고가 들어간 노동의 산물이었다. 그런데 온수 꼭지를 돌리자마자 더운물이 콸콸 쏟아지다니. 이모네에게는 기적과 다름없었다. 그날 이모네 가족은

---

30 「상수도 설치 안 된 장위동에 공동수도 가설키로」, <조선일보>, 1979. 06. 14.

우리 집에서 목욕을 했다. 샤워가 아니라 욕조에 더운물을 받아 몸을 담근 다음 때를 불린 후 이태리타월로 온몸 구석구석 미는 그런 목욕. 욕조에 모두 함께 들어갈 수 없어서 1차로 첫째와 둘째 사촌이 먼저 목욕한 후 2차로 이모와 막내 사촌이 목욕했다.

목욕 후 이모는 어머니에게 아파트를 찬양했다. 이렇게 편리한 집이 있느냐며. 앉아서 일을 보는 좌변기도 추앙의 대상이 된 건 물론이었다. 어린 내 눈에도 이모의 태세 전환이 신기할 지경이었다. 사실 아파트로 이사한다고 했을 때 서교동의 이웃들은 안쓰러워했다. 특히 단골집이었던 구멍가게 주인아저씨는 내게 '시골로 가게 되었네'라는 표현을 썼는데 이 '시골'이라는 단어가 귀에 콕 박혀 아팠다.

국민학교 4학년이었던 내게 시골은 부모님의 고향인 경상북도 상주를 떠올리게 했다. 70년대만 해도 상주 읍내는 우마차가 차량만큼이나 많은 고장이었고, 선조들 묘소가 있는 중동면은 낙동강 변에 있지만 다리가 놓이지 않아 나룻배에 차량을 얹어서 강을 건너야 했던 그런 외진 곳이었다. 무엇보다 상주는 읍내나 면이나 친척집마다 어둡고 깊은 재래식 화장실이, 그것도 그 집의 가장 구석진 곳에 있어 내게는 두려운 시골이었다. 물론 어린이였을 때 그랬다는 말이다.

어쨌든 나는 한강 건너 아파트를 짓고 있는 영동이라는 동네가 시골이라는데 어떤 시골일지 두려움 반 호기심 반의 심정으로 이사를 맞이했다. 물론 방배동과 도곡동은 그런 시골이 아니었다. 다만 곳곳에 공사장이 있어서 분위기가 어수선했고 편의시설도 잘되어 있지는 않았다. 내 머릿속에 자리한 시골은 아니었지만 그렇다고 번화한 도회지도 아니었다. 1976년경만 해도. 그렇게 강남 개발은 이전에 경험하지 못한 생활환경과 아파트라는 새로운 주거 공간을 한국인에게 선보였다.

아무튼 장위동 이모의 집들이는 안쓰러움으로 시작하여 찬사로 막을 내렸다. 그리고 다른 이모들에게도 소문낸 모양이었다. 얼마 지나지 않아 어머니 바로 아래 동생인 큰이모가 방문했고 그 얼마 후 막내 이모네도 방문했다. 언제나 집들이의 마지막 순서는 목욕이었다. 1991년 어머니의 장례식 때 모인 이모들은 이때의 일을 회상했다. 언니가 목욕하러 오라며 연락하곤 했다면서. 어머니는 아마도 목욕하러 오라는 기별을 동생들이 보고 싶다는 말 대신 했었나 보다.

[어머니는 왜 아파트 화단에
           김칫독을 묻었나   ]

 우리 집이 들어서고 있었다. 1976년 역삼동 일대 항공사진을 펼치면 영동아파트가 보이고 인근의 아파트 공사 현장도 보인다. 그곳에 개나리아파트가 들어서고 있었다. 정확히는, 개나리아파트 1차 단지가 공사 중이고 다른 단지는 터를 다지는 모습이었다.

 1977년 항공사진에는 완공된 모습이 보인다. 그때면 우리 가족이 살던 시기다. 어쩌면 저 항공사진이 찍힌 순간 내가 집 안에 있었을지도 모른다는 생각이 들었다. 기분이 묘했다. 우리 가족이 살았던 개나리아파트 1차 단지는 1동부터 9동까지 있었다. 우리 집이 9동이었는데 사진 기준으로 단지에서 오른쪽 맨 아래에 있다.

 그런데 건물 숫자를 세어보니 단지에 여덟 개의 동이 있다. 사진에서 세로로 구분해, 첫 줄에 세 동, 둘째 줄에 두 동, 셋째 줄에 세 동. 분명 아파트 건물이 여덟 동이다. 당시 형네 가족이 5동에 살았는데 항공사진을 보니 5동 앞에 어린이놀이터가 있

1977년 역삼동의 아파트 단지들. 타원 안 건물들이 개나리아파트 1차 단지다.
ⓒ국토지리정보원

다. 아파트 건물이 들어섰다면 4동 자리였을 테다. 개나리아파트 1차 단지에 4동 자체가 없었으니 9동까지 있어도 아파트 건물은 여덟 개의 동만 있을 수밖에 없었다.

지금도 그렇게 생각하는 사람이 간혹 있지만 1970년대만 해도 숫자 4는 완전 불길한 숫자였다. '죽을 사(死)'와 발음이 같아 사회 곳곳에서 숫자 4를 멀리했다. 그래서 아예 4층이 없어서 3층 다음에 바로 5층이 나오는 건물이 있을 정도였다. 요즘에도 4층을 F로 표기한 엘리베이터를 종종 만난다. 개나리아파트로 이사하기 전에 잠시 살았던 방배동 삼호아파트에도 4동이 없었다. 당시 3동에 살았던 나는 한때 4동이 어디 있는지 찾아다니기도 했었다. 내가 다니던 방배국민학교에 삼호아파트 4동에 산다는 아이가 전학을 왔다는 소문이 돌았기 때문이다.

그러고 보니 삼호아파트와 개나리아파트를 지은 회사는 같은 건설회사다. 한때 아파트 건축의 강자 '삼호주택'에서 지었는데 혹시라도 입주민이 불길하게 여길까 봐 아예 4동을 설계조차 하지 않은 게 아니었을까. 업계에서 촉망받는 회사가 관습을 무시하지 못했듯이 새로운 주거 문화가 펼쳐지는 아파트에 입주한 이들도 한동안은 관습에서 벗어나지 못했다. 어머니처럼.

아파트로 이주하기로 한 우리 가족은 아파트에 걸맞은 살림살이를 꾸려야 했다. 이때 걸림돌은 해피와 어머니의 장독이었다. 해피는 수유리 시절부터 우리 집을 지켜온 암컷 스피츠였다. 1970년대 서울의 주택가에서 스피츠는 집 지키는 개로 용맹을

떨친 견종이다. 오늘날이야 아파트에 반려견과 반려묘 등 동물이 함께 사는 게 익숙한 풍경이지만 1970년대에 개들은 마당에 사는 게 당연했다. 그러니 아파트로 이사해야 하는 우리 가족은 해피를 다른 집에 보내야 했다. 나와 동갑인 해피는 또래 형제가 없는 내게 아기 시절부터 좋은 친구가 되어 주었다. 그런 해피를 다른 집에 보내야 해 가슴이 무너지는 듯했다. 10년 인생에서 처음으로 맛본 이별이었다.

어머니는 멀쩡한 장독과 장을 처분해야 해 아쉬웠다고 생전에 회고하곤 했다. 서울로 이주하며 어머니는 상주에서 가져온 씨된장과 씨간장을 수유리 집 장독대의 장독들에 저장했고 이후에는 메주를 쑤어 된장과 간장을 손수 만들었다.

서교동으로 이사해서도 마찬가지였다. 볕 좋은 마당 한편에 장독들을 늘어놓았다. 메주를 쑤어 안 쓰는 방에 두고 이불을 덮어 놓기도 했다. 내 기억에 어머니는 고추장, 된장, 간장을 손수 만들었다. 김장 후에는 마당에 김칫독을 묻는 건 당연했다. 장독을 채우고 관리하는 건 분명 힘든 노동이다. 하지만 그 시절 여인들에게는 한 집안의 살림을 책임지는 이로서 정체성과 자존감을 지켜주는 상징이 아니었을까.

그런 장독과 장을 대거 처분해야 했으니, 어머니는 상심이 컸을 것이다. 어쨌든 어머니는 장독 중 일부를 방배동 삼호아파트에 가져왔고 결국 개나리아파트까지 가져왔다. 된장과 간장, 그리고 고추장을 담은 장독은 베란다에 두면 되었다. 그런데 어머니는 김칫독만큼은 베란다에 두기 싫었을까. 이사 얼마 후 학교에서 돌아와 보니 어머니는 김치를 바깥으로 나르고 있었다. 경비원 아저씨가 땅을 파고 김칫독을 묻어 주었다면서.

어떻게 설득했는지 몰라도 내 눈에는 무섭게만 보이던 경비 아저씨를 어머니는 움직였다. 김칫독을 묻은 곳은 개나리아파트 9동 뒤편, 영동아파트와 개나리아파트의 경계였다. 두 아파트 사이에는 철조망이 있었고 개나리 쪽으로는 잔디밭이 있었다. 하지만 주민들의 발길이 거의 없는 외진 공간이었다. 그 공간 중 9동 건물 바로 뒤편 잔디가 없는 부분에 김칫독을 묻었다.

그렇게 1976년에서 1977년으로 넘어가는 겨울 우리 집은 김칫독에 묻은 김장 김치를 먹을 수 있었다. 그런데 내 기억으로는 당시 김칫독을 묻은 집은 우리 집뿐이었다. 왜 그랬을까. 나중에 곰곰 생각해 보니 편리하게 살고자 아파트까지 왔는데 김칫독을 묻는 건 번거롭다고, 혹은 세련되지 않다고 여긴 건 아니었을까.

그래도 김칫독을 묻은 우리 집을 부럽게 쳐다보는 이가 있었다. 같은 9동에 사는 어느 할머니였다. 50대 중반으로 넘어가는 어머니보다 나이 많아 보였는데 경북에서 살다가 아들네 집으로 들어와 산 지 얼마 되지 않았다고 했다. 상주에서 멀지 않은 지역 출신이라며 어머니는 그이를 살갑게 대했다. 김칫독에서 김치를 꺼낼 때면 어머니는 그 집을 위해 조금 더 썰곤 했다.

봄이 되자 이 할머니는 어머니의 김칫독 옆에다 작은 밭을 일구었다. 고향에서도 푸성귀 정도는 직접 길러 먹었다며. 어머니와 함께 간 말죽거리의 종자 가게에서 씨앗을 구해서 뿌렸다. 하지만 난 이 텃밭에 무슨 씨앗이 뿌려졌는지 모른다. 채소로 자라나지 못했기 때문이다. 어머니는 아파트 주민들의 항의가 있었다고 했다. 공용 공간인 아파트 뒤편에 개인 텃밭이 조성된 걸 용납하지 못한 것이다. 결국 텃밭을 헤집고는 그 자리에 꽃나무를 심었다.

도시문헌학자 김시덕은 "(한국인에게는) 불굴의 텃밭 정신"이 있다고 그의 저서에서 강조했다. "농촌에서 도시로 진입한 시민들이 좁은 공간을 알뜰하게 활용해 자신이 먹을 채소뿐만 아니라 눈과 코로 즐길 꽃과 나무를 기르는 사례"가 매우 많다면서.[31] 이 대목을 읽으며 개나리아파트의 그 할머니가 떠올랐다.

한편 텃밭 소동이 일으킨 불똥은 어머니의 김칫독으로도 번졌다. 아파트 뒤쪽에 묻어두어 아는 사람만 아는 김칫독이었는데 텃밭이 문제로 불거지자 함께 공론화된 것이다. 김칫독의 김치를 먹은 건 그해 겨울이 마지막이 되었다. 김칫독을 아쉬워한 건 어머니뿐만은 아니었나 보다. 언제부터인가 아파트에서 김치냉장고는 필수 가전이 된 것을 보면.

1993년 1월 신문 기사를 참고하면, 이즈음 김치냉장고가 나온 것으로 보인다.[32] 그리고 점점 대중화되었고.[33] 오늘날에는 김치뿐 아니라 다양한 음식과 재료를 보관하는 용도로도 쓰이고 있다. 김칫독 묻기를 포기한 어머니는 결국 메주 쑤기도 포기했다. 중학교 3학년 때인가 교복에 메주 냄새가 배어 내가 심하게

31 김시덕, 『문헌학자의 현대한국 답사기 1』, 북트리거, 2023, 73-76쪽.
32 「김치냉장고 나왔다」, <경향신문>, 1993. 01. 27.
33 「주방에 새바람 김치냉장고」, <조선일보>, 1993. 03. 06.

짜증 낸 날이 있었다. 이웃이 메주 냄새가 난다며 불평해도 사과해 가며 지켜온 메주를 막내아들의 불평 한마디에 어머니는 주택에 사는 지인에게 보내버렸다. 어머니에게 허락된 여명이 10년 정도라는 걸 알았다면 그러지 않았을 텐데. 지금은 그 냄새가 그리울 뿐이다.

[그 많던 피아노 학원은 왜 사라졌을까]

　　피아노 소리와 부동산 간판. 1970년대와 80년대 강남 일대를 지나다 보면 쉬이 들을 수 있고 흔히 볼 수 있는 정경이었다. 피아노는 그 시절 중산층 가정이라면 갖추고 싶어 하는 꿈의 가구였다. 피아노 연주는 중산층 자녀라면 갖춰야 할 덕목이었고. 그 시절 강남 아파트 단지의 풍습 중 하나가 자녀들을 피아노 교습소에 보내는 거였다. 부동산 소개소는 강남의 아파트 단지 주변 상가마다 가득 들어섰다. 부동산 업계에 돈이 몰리자, 중개업에 뛰어드는 이도 함께 늘어나는 모양새였다.

　　내가 살았던 개나리아파트는 이러한 강남의 세태를 목격할 수 있는 공간이었다. 결혼한 작은누나가 우리 집에다 피아노 교습소를 차린 1977년 무렵부터 1979년경 사이에 그랬다. 누나의 피아노 교습소는 처음에는 학생이 몇 없었지만, 점점 불어나더니 방학에는 아침부터 저녁까지 교습 일정이 꽉 차기도 했다. 아파트에 차린 피아노 교습소가 이렇게 성황을 이룬 건 주변에 변변한 피아노 학원이 없는 덕분이었다.

1976년 12월 개나리아파트 1차 단지에 입주가 시작되었고, 2차 이후 단지들은 1977년부터 단계적으로 입주하거나 공사에 들어갔다. 하지만 편의시설이나 상업시설은 부족했다. 지금의 이마트 역삼점 자리에 삼호쇼핑센터가 들어서기 전 개나리아파트에는 1차 단지 앞에만 상가가 있었다. 대략 아파트 한 동 정도 길이에 2층짜리 건물이었다.

　　우리 가족이 이사했을 때 이 상가에는 중국집과 약국, 그리고 식품점과 지물포가 하나씩 있었고 나머지 점포들은 모두 부동산 소개소였다. 1층은 물론 2층에도 부동산이 입주했었다. 역삼동과 대치동에 아파트 분양이 대거 있었던 시기라서 더 그랬을 것이다. 강남 일대에 건물이 세워지면 가장 먼저 부동산 소개소가 들어서던 시절이었다.

　　1980년대에 들어선 후에야 개나리 1차 상가 2층에 피아노 학원과 미술학원이 생겼다. 그 이전에 개나리아파트에는 이런 빈틈을 노려 집에다 차린 교습소를 차린 이들이 꽤 있었다. 작은누나처럼. 누나는 음악 전공자는 아니었다. 그런데 어떤 마음으로 피아노 교습소를 열었던 걸까. 곰곰 생각해 보니 여러 정황이 떠올랐다. 서교동 시절 난 미술과 피아노를 함께 가르치는 작은 학원에 다녔는데 원장님 혼자 두 과목을 가르쳤다. 30분이 미술이라면 나머지 30분은 피아노. 당시 원장님의 피아노 실력을 본 작은누나는 '저 정도라면 나도 가르칠 수 있겠군!' 하고 생각하지 않았을까.

　　이런 일도 있었다. 1977년 초 결혼한 누나는 우리 집에 들렀다가 우연히 수유리 시절 누나에게 피아노를 가르친 선생님을 만났다. 선생님 가족들도 개나리아파트로 이사했는데 가장 넓은 평에 살았다. 개나리아파트에선 가장 부자가 사는 평형이었다. 피아노 선생님의 남편은 종로 낙원상가 인근에서 피아노 가게를 크게 운영한다고 했다.

그즈음 시작되었을 것이다. 피아노가 중산층에게 가구처럼 팔리게 된 시절이. 어쩌면 작은누나가 피아노 교습소 운영을 마음먹은 여러 계기 중 하나였을지도 모른다. 피아노가 많이 팔리는 시절이니 교습생도 많지 않을까 하고. 현재 70대 중반을 향해 달려가는 작은누나는 그냥 생활비에 보태려고 했다며 말을 아꼈지만.

교습생들이 늘어나면서 얼굴이 익자 어머니는 아이들의 호구 조사를 했다. 이른바 '느그 아부지 뭐 하시노?'였다. 이 질문의 첫 번째 희생자는 누나의 첫 교습생인 국민학교 3학년 여자아이였다. 그리 크지 않은 집인지라 아이가 하는 말이 잘 들렸다. 아이의 아버지는 어느 큰 회사에 다닌다고 했다. 몇 달 후 이 여자아이의 여동생도 교습생이 되었다. 언니 껌딱지라 자기도 피아노 배우겠다고 떼를 썼다고 했다. 어머니는 둘이 자매인 줄 몰랐는지 '느그 아부지 뭐 하시노?' 하는 질문을 동생에게도 던졌다.

그런데 동생이 "울 아빠 복덕방 해요."라고 대답하자 언니는 "아냐. 부동산이라고 해야지." 하고 정정해 주었다. 몇 달 사이에 아이들 아빠의 직업이 바뀐 것이다. 누나는 이들 자매뿐 아니라 교습생들 아빠 중에는 부동산 소개소를 하는 이들이 여럿이라고 했다. 그러고 보면 당시는 복덕방이란 용어 대신 부동산 소개소라는 용어가 많이 들리기 시작한 시기였다. 복덕방은 왠지 예스러운 장소 같고 부동산 소개소는 뭔가 신식 직업 같았다. 당시에는 그렇게 느껴졌다. 그러니 자매의 언니가 동생의 말을 정정해 준 건 아니었을까.

예나 지금이나 집을 구하려면 누군가의 도움을 받을 수밖에 없다. 조선시대에는 '집주름'이나 '사쾌(舍儈)' 혹은 '가쾌(家儈)' 같은 부동산 중개인이 활약했었다. 여기서 '쾌(儈)'는 거간 혹은 중개인, 즉 집을 거래하는 중개인을 말한다.[34] 일제강점기 조선총독부는 일본인의 부동산 거래를 보호하고자 객주, 거간 등의 규칙을 폐지했다. 그리고 1922년에 「소개영업취재규칙」을 공포했다. 부동산 중개 업무를 표준화한 것이지만 조선인의 부동산 거래를 규제하려는 방법 등으로 사용되기도 했다.[35]

가쾌가 위축되자 그 자리를 복덕방이 이어받았다. 이 점포들은 아래를 여러 갈래로 가른 누런 삼베에 '福德房(복덕방)'이라 쓴 간판을 내걸었다. 누런 삼베는 수수해서 복이 잘 붙고 옷감이 질겨 오래갈 수 있다는 뜻을, 아래를 여러 갈래로 갈라놓은 건 편히 들어오라는 뜻을 품고 있다고 한다.[36] 이태준의 단편소설 「복

---

34 강문종·김동건·장유승·홍현성, 『조선잡사』, 민음사, 2020, 284-287쪽.

35 임이택·오창석·김병주, 「부동산중개업의 문제점 및 개선방향에 관한 연구」, 『한국지적정보학회지』 제8권 제1호, 한국지적정보학회, 2006, 59쪽.

36 『한국민족문화대백과사전』 '복덕방' 항목.

덕방」에 그 모습이 잘 묘사돼 있다. 주로 동네 입구에 자리했고, 동네 노인들이 모여 소일하다가 집 찾는 이들이 찾아오면 소개하거나 중개했다. 그 보답으로 선물이나 수수료를 받았는데 이를 구전(口錢) 혹은 구문(口文)이라 했다.

광복 후 복덕방은 대도시를 중심으로 많이 생겨났고, 1961년 「소개영업법」이 제정되면서는 관할 구청이나 시청, 혹은 군청에 신고 후 영업해야 하는 업종이 되었다. 부동산 소개업은 관할 관청에 신청 서류 내는 것 외에는 진입 장벽이 없는 업종이었다.

이런 체계에서 1970년대에 강남 등지에 대형 택지개발이 추진되었다. 강남을 중심으로 부동산 경기가 불타오르자, 즉 돈이 모이자, 누나에게 피아노를 배운 자매의 아빠처럼 부동산 소개업에 뛰어드는 사람이 많아졌다. 하지만 1980년대 들어 무신고나 불법으로 영업하는 부동산 소개업소가 많이 생겼다.[37] 정부는 부동산중개업을 규제할 필요가 생기자 1984년 4월에 「부동산중개업법」을 제정했다. 이 법의 시행과 함께 「소개영업법」은 폐지됐다. 그리고 1985년부터 공인중개사 시험이 도입되었다.

오늘날에도 아파트 단지 앞에 가면 부동산 중개업소를 많이 볼 수 있다. 신도시가 들어서게 되면 주민이 이주하기도 전에 부동산 중개업소가 진을 치기도 한다. 하지만 20년이 지난 지금, 한때 "중년의 고시"라며 인기를 끈 공인중개사의 인기는 예전 같지 않은 모습이다. 부동산 경기가 하락하며 공인중개사 시험에

---

[37] 「개포동 일대의 부동산소개업 대부분이 무신고 업소」, <매일경제>, 1982. 09. 20.; 「불법 영업 복덕방 2천68업소 적발」, <매일경제>, 1983. 11. 08.

응시하는 인원이 크게 줄었다고 한다.[38]

아파트 단지나 신도시에서 피아노 소리 또한 예전보다 크게 줄어들었다. 이를 보여주듯 폐업하는 피아노 학원은 늘어나는데 중고 피아노를 처분하기는 어렵다고 한다.[39] 그래서 중고 피아노를 처분하면 돈을 받는 게 아니라 오히려 처분비를 내야 한다고. 피아노 한 대당 10만 원 정도라나.

마지막으로 여담 하나. 1980년대 중반, 부모님은 대학 입학을 축하하며 내게 피아노를 선물했다. 영동시장 앞 도로변에 있던 삼익피아노 대리점에서 구매했다. 당시 강남대로의 목 좋은 장소에는 삼익이나 영창 같은 피아노 대리점이 여럿 있었다. 오늘날 그 자리에 들어선 빌딩에서는 주로 성형외과, 피부과 등이 영업하고 있지만. 아, 나는 음대를 졸업했다.

38 「한때 40만명 몰려든 '중년의 고시'… 불경기 속 인기도 10년 전으로」, <이데일리>, 2024. 10. 28.
39 「중산층의 상징 피아노의 굴욕… 동네서 띵띵띵 소리 사라졌다」, <중앙일보>, 2023. 11. 28.

[담배 이름이 아파트 이름이 된 사연   ]

개나리아파트? 어린이였던 내가 생각해도 촌스러운 이름이었다. 이렇게 생각한 건 서교동 시절 단골 구멍가게 주인아저씨가 들려준 이야기 때문이었다. 개나리아파트로 이사하게 되었다고 하자 아저씨는 아파트 이름이 뭔 담배 이름 같냐면서 '개나리' 담뱃갑을 보여주었다. 구멍가게이자 담뱃가게였다.

이후 난 노란색으로 칠한 개나리아파트 지붕 마감을 보면 개나리 담배가 떠올랐다. 당연히 봄이면 개나리아파트에는 개나리꽃이 만발했다. 개나리아파트 인근에는 진달래아파트도 들어섰다. 아파트 이름 작명법의 유사성에서 볼 수 있듯 같은 건설사인 '삼호주택'에서 지었다. 호기심에 혹시 '진달래'라는 담배가 있는지 찾아봤다. 역시나 있었다. 물론 봄이면 진달래아파트 곳곳에는 진달래꽃이 만발했다.

어른이 되어 강남에 관한 자료를 모을 때 흥미로운 신문 기사 하나가 눈에 띄었다. 담배 이름을 딴 아파트가 많다는 취지의 1978년도 기사였다.[40] 이 기사에서 예로 든 아파트는 여의도의 화랑아파트, 수정아파트, 은하아파트, 공작아파트, 백조아파트 등과 영동의 태양아파트, 그리고 개나리아파트였다. 이들 아파트는 모두 담배에서 이름을 따왔는데 담배 이름이 사람들에게 많이 알려졌기 때문이었다. 설마 했는데 진짜였다.

1970년대 말 개나리아파트는 중산층이 사는 아파트로 알려졌다. 중앙난방에다 온수 꼭지만 돌리면 뜨거운 물이 나오고 좌변기가 있는 수세식 화장실을 갖춘 아파트는 그 시절 관점에서는 최신 주거 환경을 갖춘 주택이었다.

당시 이런 시설을 갖춘 아파트를 맨션이라 불렀다. 맨션은 상대적으로 고급 아파트를 의미했다. 그보다는 작은 평형에 연탄으로 개별난방하고 욕조와 좌변기가 없는 화장실을 갖춘 아파트와 구분하여 불렀다. 개나리아파트 1차 단지의 남쪽에 자리한 영동아파트와 진달래아파트 남쪽에 자리한 도곡아파트가 그랬다. 대한주택공사에서 건축해 주공아파트라 부르기도 했다.

과거 신문 기사 데이터베이스에서 '개나리아파트'를 키워드로 검색하다가 분양 광고들을 찾았다. 1976년 신문에 실린 이들 광고의 홍보 문구가 인상적이었다. 당시에는 생소했을 아파트라는 주거 공간의 편리함을 강조하는 내용이었다. 1976년 7월 〈동아일보〉에 실린 광고는 아파트의 실용적 공간을 부각했

---

40 「아파트 경기가 낳은 이색 풍속도」, <조선일보>, 1978. 07. 12.

다.[41] 공유면적 등 불필요한 면적을 최대한으로 줄였고, 많은 가족이 생활할 수 있도록 여러 개의 방을 마련했다며 26평형을 예로 들었다. 5.9평의 거실과 4.2평의 "주인 침실", 그리고 넓이를 밝히지 않은 "가정부 방"을 포함해 네 개의 방이 있다고 안내했다. 요즘 잘 쓰지 않는 표현이 보여 낯설다.

1976년 7월 15일 <동아일보>에 실린 개나리아파트 분양 광고.

또한 개나리아파트의 생활환경이 좋다고 자랑했다. 전 세대 남향에다 중앙집중 공급 방식의 난방시설, 아파트 전체를 커버하는 소방시설, 여기에다 어린이 놀이터, 녹지대, 산책로, 주차시설 등이 완비되어 있다고 홍보했다. 지금 관점에서 보면 지극히 기본적인 시설을 갖췄지만, 당시 주거 공간의 대부분을 차지했던 주택가에서는 접할 수 없는 첨단 시설과 편리한 생활환경이었다. 무엇보다 금융 혜택이 많다고 강조했다. 분양금액의 30%는 장기주택 융자금의 혜택을 받을 수 있는 데다 대금

---

41 「7월 19일, 영동의 삼호개나리아파트가 분양을 시작합니다」, <동아일보>, 1976. 07. 15.

분할 납부 방식도 있다며. 오늘날에는 개인 대출 금액 상한이 정해져 있고 중도금 대출이 가능하지 않은 가격대의 부동산도 있다.

1976년 8월 〈조선일보〉에 실린 광고는 공간 구성을 좀 더 자세히 설명했다.[42] 방의 수와 배치는 가족 모두에게 관심사라며 "성장하는 2세들의 프라이버시를 마련해주는 공부방"이라거나 "주인을 위해 서재로 꾸밀 방"과 같은 표현을 사용했다. 또한 가장 작은 21평형에 주방, 식당과 세 개의 방이 있고 26평과 29평에는 각각 네 개의 방이 있는데 거실을 중심으로 모든 방이 독립성을 가지도록 설계했다고 강조했다.

어머니와 내가 살았던 9동은 21평형이었다. 아버지는 거의 외국에 머물러 평소에 둘만 거주했는데 서교동에 살던 주택과 비교해 크게 좁았지만 적응하니 살 만했다. 그런데 광고에서 언급한 세 개의 방 중 하나는 불투명 유리를 끼운 미닫이문이 있는 거실 형태의 방이었다. 만약 미닫이를 떼어내고 거실로만 쓴다면 21평형은 방 두 개가 있는 구조였다.

이 광고에서 눈에 띄는 대목이 있다. 바로 세금 혜택이다. "특정지구개발촉진법에 따라 재산세, 취득세, 등록세 3가지의 세금"을 면제받는다고 강조했다. 혜택을 받는 건 개나리아파트뿐만이 아니었다. 주택건설 촉진 지구로 지정된 특정지구는 모두 혜택을 받았는데 영동지구는 이미 1973년에 특정지구로 지정되었

---

42 「모두의 희망이 실현되는 개나리아파트」, <조선일보>, 1976. 08. 07.

다. 오늘날 부동산을 거래하거나 보유할 때 내야 하는 세금을 따져보라. 혜택이라기보다는 특혜라는 표현이 더 어울리는 것 같지 않은가.

개나리아파트 분양 광고에서 내가 가장 흥미롭게 여긴 건 아파트 분양 가격이 실렸다는 점이다. 21평형의 분양 가격은 639만 원이었다. 융자금이 180만 원이어서 실입주금은 459만 원이었다. 26평형은 분양 가격 795만 원에 융자금이 200만 원이라 실입주금이 595만 원이었다. 29평형은 분양 가격 867만 원에 융자금 220만 원이었고 실입주금은 647만 원이었다.

가격 기준은 4층에 14년 상환의 연리 8% 융자를 기준으로 했다. 어쩌면 부모님은 이 광고를 보고 개나리아파트로 이주를 결심했을지도 모른다. 그런데 우리 집은 3층이라 광고보다 더 비쌌을 수도 있다. 당시 5층짜리 아파트에서 3층은 '로얄(royal)층'이라고 했다.

그렇다면 개나리아파트 인근의 영동아파트는 가격이 얼마였을까? 개나리아파트 준공일과 비슷한 시기의 신문 기사에 그 금액이 나온다.[43] 기사를 참고하면, 1975년에 분양이 완료된 영동아파트는 모두 13평형인데 2층과 3층이 180만 원, 4층 160만 원, 1층 150만 원, 그리고 5층이 135만 원 정도로 거래되었다고 한다. 영동아파트는 임대아파트이기도 했다. 임대보증금은 2층과 3층이 95만 원, 4층 90만 원, 1층 85만 원, 5층 80만 원가량이었

---

43 「강남 지역 아파트」, <경향신문>, 1976. 10. 22.

다고. 계단 끝까지 올라가야 하는 5층이 가장 저렴했다. 분양이나 임대나.

1973년 신문 기사에 영동아파트 인근 도곡아파트의 임대보증금과 임대료가 나온다.[44] 임대보증금 15만 원에 월 임대료 평균 7천 원가량이었다. 도곡아파트도 영동아파트처럼 13평형의 주공아파트였다. 3년의 차이가 있고 임대보증금도 차이가 나지만 이를 참작해 당시 부동산 시세 수준을 가늠할 수는 있다.

1970년대 중반부터 2000년대 초반 무렵의 개나리아파트와 영동아파트가 익숙한 사람들은 그 일대 풍경이 크게 달라졌다고 느낄 것이다. 2000년대 중반부터 이들 아파트 단지가 재건축되었기 때문이다. 과거 맨션과 주공으로 비교됐던 개나리아파트와 영동아파트는 모두 유명 브랜드의 아파트 단지가 되어 있다.

두 아파트 단지 인근의 쇼핑센터와 재래시장도 재건축되었긴 마찬가지다. 롯데리아[45] 3호점이 있었던 삼호쇼핑은 이마트가 입주한 '한솔필리아'가 되었고, 개나리아파트와 영동아파트 사이에 있던 도곡시장은 각종 학원이 빼곡히 입주한 '월드메르디앙 도곡프라자'가 되었다. 담배 이름과 똑같은 이름의 아파트와 연

---

44 「1,110 가구분 임대」, <조선일보>, 1973. 11. 29.
45 롯데리아가 삼호쇼핑 2층에 입점하기 전 그 자리에는 아메리카나라는 햄버거 집이 있었다. 1979년에 생겼다거나 1980년에 생겼다는 둥 친구들의 기억은 갈린다. 그래도 미국식 감자튀김을 여기서 처음 접했다는 기억은 같았다. 1981년 같은 자리에 롯데리아가 들어서며 5월경 개점식을 했다. 이 행사에 롯데 야구팀 (아직 프로야구가 출범하기 전이라 아마도 실업팀) 선수들이 왔다.

탄 때는 주공아파트가 있던 동네는 언제부터인가 고가의 아파트
들이 늘어선 교육 특구로 변신했다.

2부

당신이 몰랐던 강남 이야기

[경기도민, 하루아침에 서울특별시민이 되다]

　　강남은 서울에서 가장 젊은 동네다. 강남에 젊은이들이 많이 보인다는 의미에서가 아니라 서울의 자치구 중 가장 최근에 서울로 편입됐다는 의미에서다. 강남으로 불리는 강남구와 서초구는 1963년 1월 1일부로 서울로 편입됐다. 즉, 1962년 12월 31일까지 두 지역은 경기도였다. 강남구 일대는 경기도 광주군 언주면에 속했었고, 서초구 일대는 시흥군 신동면에 속했었다.[1]

　　그러니까 지금의 강남구와 서초구는 서울이 된 지 60년이 갓 지난 동네다. 조선시대부터 서울이었던 사대문 안과 성저십리 지역 등 한강 북쪽 서울과 비교하면 젊다기보다는 어리다는 표현이 더 어울리는 거 같기도 하다. 1936년에 서울로 편입된 영등포와 비교해도 그렇다.

1　1962년 11월 21일 국가재건회의가 제정·공포한 법률 제1172호 「서울특별시·도·군·구의 행정구역 변경에 관한 법률」에 의해 1963년 1월 1일부로 경기도 지역 12개 면(面), 90개 리(里)가 서울특별시에 편입되었다.

강남구 일대가 속했던 광주(廣州)는 이름처럼 넓은 땅을 가진 고을이었다. 수도권이 팽창하며 광주시가 된 옛 광주군은 서울 등 다른 지역에 땅을 내어주곤 했었는데 여전히 넓은 영역을 차지하고 있다. 1963년에 광주군에서 서울시로 편입된 지역에는 지금의 강남구뿐 아니라 송파구와 강동구도 있었다. 나중에 성남시와 하남시가 되는 지역도 원래는 광주군에 속했었다.

　　역사에서 광주라는 지명은 고려 태조 시절에 처음 등장한다. 즉 왕건이 고려 왕이었던 서기 940년이었다. 그 후 광주는 때로 광주목(廣州牧)으로, 혹은 광주부(廣州府)로 지역 행정 단위가 변경되며 존재해 왔지만, 광주라는 이름은 그대로 유지해 왔다.

　　반면 서초구 일대는 시흥이 되기 전에 과천에 속했었다. 과천이라는 지명은 조선 태종 시절인 1413년에 등장한다. 그 후 과천현이나 과천군이었던 시절을 거쳤다. 조선시대 말 지금의 서초구는 과천군 동면과 상북면에 속했었다. 동면에는 지금의 서초동 · 양재동 · 원지동 · 우면동 일대가 속했었고, 상북면에는 지금의 잠원동 · 반포동 · 방배동 일대가 속했었다. 그런데 일제강점기에 들어서며 조선총독부는 행정구역을 조정했다. 1914년 3월 1일 경기도 과천군 동면과 상북면은 시흥군 신동면이 되었다. 그러고 보면 서초구 일대가 시흥군이었던 시절은 대략 50년이었다.

　　과거 강남 일대가 경기도에 속했을 때 가장 하부 행정관청은 면사무소였다. 그렇다면 이들 지역이 서울로 편입되었을 때는 어떤 관청이 행정을 담당했을까? 서울특별시 산하 구청이었다. 지금의 강남구 일대, 광주군 언주면에 속했던 지역은 서울특별시 성동구 관할이었고, 서초구 일대, 시흥군 신동면에 속했던 지역은 영등포구 관할이었다. 한편, 1963년 1월부로 서울로 편입된 옛 경기도 땅은 지금의 강남구와 서초구만은 아니었다. 강동구와 송파구는 물론 강서구와 양천구, 관악구와 동작구, 그리고 구로구와 금천구 등도 이때 서울로 편입되었다.

이들 서울특별시 신입생들을 성동구와 영등포구가 나눠서 행정을 담당했다. 지금의 강동구와 송파구, 그리고 강남구 일대는 성동구에서, 지금의 서초구를 포함한 나머지 지역은 영등포구에서 담당했다. 한강 북쪽에 자리한 성동구는 한강 남쪽으로 관할 구역이 넓게 확장되었고, 영등포는 서울의 오분의 일 정도 되는 넓은 땅을 관장하게 되었다.

이렇게 넓은 지역을 담당하기에는 기존 구청의 행정력만으로는 어려웠다. 그래서 서울시는 새로 편입된 지역에 구청 출장소를 설치했다. 구청 출장소는 구청의 기능을 축소해 옮긴 작은 구청이다. 지금의 강남구 지역에는 성동구청 언주출장소가, 서초구 지역에는 영등포구청 신동출장소가 설치되었다. 강동구 지역의 천호출장소, 송파구 지역의 송파출장소 등 새로 서울로 편입한 지역들에도 구청 출장소가 설치되었다.

물론 계획된 행정구역 조정이라 미리 준비하고 정비했겠지만, 공식적으로는 1962년 12월 31일까지 경기도의 군(郡) 산하 면사무소 관할이었던 지역이 하루 뒤인 1963년 1월 1일부로 서울특별시 산하 구청이 관장하는 지역으로 된 것이었다. 그렇다면 이들 지역에서 근무하던 면사무소 공무원들은 어떻게 되었을까? 아마도 거의 모두 서울시 공무원이 된 것으로 보인다. 당시 신문 기사를 참고하면, 1962년 11월 서울시는 행정구역 개편 관련 회의를 통해 편입 지역의 면사무소 직원들을 서울시 공무원으로 신분을 보장하겠다고 밝혔다.[2]

경기도의 군청에 속했던 면사무소 공무원들이 하루아침에 서울특별시의 구청 소속 공무원이 된 것이다. 어쩌면 영전으로 생각할 수도 있는 조치였다. 이들은 구청 산하 출장소에서 근무했던 것으로 보인다. 그런데 행정구역이 변경된다는 건 기존 서류에 기록된 주소를 변경해야 하는 걸 의미하기도 했다. 즉 토지대장이나 호적등본 같은 공부(公簿)에 기록된 경기도로 시작하는 주소를 서울특별시로 시작하는 주소로 변경해야 했다.

전산으로 입력해도 엄청난 작업량이었을 텐데 그 시절에는 수기로 작성해야 하는 부분이 많았을 것이다. 직접 손으로 일일이 써가며 수정해야 하는, 단순하지만 중노동이 아니었을까. 물론 고단한 노동에 대한 타개책도 있었던 것으로 보인다. 나는 수년 전 논현동 일대의 행정구역 변화와 지번 변화를 살펴보기 위해 과거 토지문서를 열람한 적이 있었다. 그런데 그 오래된 서류에 변경된 내용들이 새겨진 고무도장들이 찍혀 있었다. 숫자 등

2　「서울 편입지에 구청 출장소」, <경향신문>, 1962. 11. 26.

일부 항목만 손으로 직접 쓴 글씨였다. 숫자 정도만 수기로 수정하고 나머지는 고무도장을 찍었어도 변경해야 할 서류 종류와 그 분량을 생각하면 상상하지 못할 노동량이었을 것으로 보인다.

　서울 편입 초기 언주출장소와 신동출장소 관내에는 낯선 이름의 행정동이 있었다. 동사무소가 설치된 행정동에서 관내 여러 법정동의 행정을 담당하는 구조였다.[3] 언주출장소 관내에는 사평동·수도동·탑곡동·도곡동의 행정동 네 개가 있었다. 사평동은 나중에 논현동·신사동·학동·압구정동으로, 수도동은 청담동·삼성동·대치동으로, 탑곡동은 염곡동·내곡동·신원동으로, 그리고 도곡동은 역삼동·도곡동·포이동·개포동으로 분동되었다. 즉 법정동들에 동사무소가 설치되며 행정동이 되었다.
　신동출장소 관내에는 양재동·남성동·잠포동·서초동의 행정동 네 개가 있었다. 양재동은 나중에 양재동·원지동·우면동으로, 남성동은 사당동·방배동으로, 잠포동은 잠원동·반포동으로 분동이 되었고, 서초동은 계속 서초동이었다. 언주출장소

3　행정구역 단위인 동은 행정동과 법정동으로 구분된다. 행정동은 동사무소를 단위로 하는 행정구역이고, 법정동은 이름 그대로 법(法)으로 정(定)한 동(洞)이라는 뜻이다. 행정동은 행정 운영의 편의를 위하여 설정한 행정구역으로서 주민 수의 증감에 따라 수시로 설치 또는 폐지된다. 따라서 하나의 행정동에서 여러 법정동을 담당하기도 한다. 반면 법정동은 예로부터 전해온 고유 지명을 그 명칭으로 하며 거의 변동이 없다. 법정동은 또한 신분증, 신용카드 및 재산권과 관련된 각종 공부(公簿)의 주소에 사용되며, 그 공부의 보관과 민원 발급, 주민관리 등 행정 처리는 행정동의 동사무소에서 관할한다. (두피디아)

관내와 마찬가지로 법정동들에 동사무소가 설치되며 행정동이 되었다. 서울 편입 초기만 해도 이들 지역에 주민이 많지 않아 출장소 구역에 네 개의 행정동, 즉 네 개의 동사무소만 있어도 행정력이 감당할 수 있었던 것으로 보인다. 그러다 인구 증가에 따라 관할 구역을 조정하면서 법정동들이 대거 행정동으로 된 것이었다.[4]

어쨌든 이들 지역의 공무원들은 서울특별시 소속이 되었다는 자부심이 있었을 텐데 경기도민에서 서울특별시민이 된 주민들은 어떤 변화가 있었을까? 주소가 군 지역에서 시 지역으로 바뀌었으니 부과되는 세금 종류에도 변화가 있었을 것이다. 내가 흥미롭게 느꼈던 건 신분증의 변화였다. 도민증에서 시민증을 사용하게 되었다. 아직 주민등록증 제도가 시행되기 전이었다.

시민증은 서울특별시 시민에게만 발급된 신분증이었다. 6·25전쟁이 끝난 후부터 1968년까지 주민등록증 대신 쓰였다. 주민등록증은 1968년에 도입되었다.[5] 그렇다면 서울 아닌 지역에 사는 주민들에게는 어떤 신분증이 발급되었을까? '도민증'이 발급되었다. 즉 시민증과 도민증은 사는 지역이 차이가 난다는 걸 보여주는 신분증이었다. 그러고 보면 신분증은 신분을 나타내는 증표라는 뜻이기도 하다.

그래서 그 시절 시민증은 서울특별시에 사는 '특별시민'이라

---

4 서울특별시 조례 제613호 「동장정원 및 명칭과 관할구역 변경조례」, 1970. 05. 18.
5 「주민등록증의 발급은 친절하고 능률있게」, <조선일보>, 1968. 12. 01.

는 증빙으로도 여겨졌었다. 물론 새로 서울로 편입된 서울 시민 들에게는 한동안 작은 종이 서류 정도의 의미로 여겼던 거 같다. 주소는 서울특별시로 바뀌었지만, 생활환경은 예전의 농촌이나 마찬가지였기 때문이다. 이들 지역이 농촌 이미지를 벗어나게 되는 변화는 1970년대부터 시작되었다. 이때까지만 해도 이들 지역은 아직 강남으로 불리지 않았다. 대신 영동으로 불렸다. 영등 포의 동쪽 지역이라는 의미였다.

[강남의 탄생]

    강남구에 있는 영동시장이나 서초구에 있는 영동중학교는 강남이 영동으로 불리던 시절의 흔적이다. 영동은 영등포의 동쪽이라는 의미다. 지금의 서초구가 당시 영등포구가 관할하는 지역이어서 붙은 명칭이었다. 영등포구에 속했던 서초구는 영등포의 동쪽 끝자락에 있었다.

    영동시장은 강남대로의 논현역과 신논현역 사이에 있다. 시장 이름은 보통 동대문시장이나 남대문시장처럼 시장이 자리한 동네의 지명을 딴 경우가 많다. 영동시장도 그랬다. 학교 이름 또한 그 고장의 이름을 따서 짓는 경우가 많다. 1972년 설립된 청담동의 영동고등학교처럼. 서초구 우면동에 있는 영동중학교도 마찬가지인데 다만 설립 시 교명은 다른 이름이었다.

    1970년에 개교한 영동중학교의 원래 이름은 양재여자중학교였다. 당시에는 우면동이 아니라 지금의 양재역사거리와 뱅뱅사거리 사이에 있었다. 그런데 이 학교의 이름이 1972년에 영동여자중학교로, 1973년에는 남녀공학이 되며 영동중학교로 바뀌었다. 강남 일대가 영동으로 불리게 된 시점이었다.

농촌이었던 강남 지역이 개발되기 시작한 건 경부고속도로 건설의 영향이었다. 고속도로 용지 확보를 위해 농지 등을 수용한 후 도로 공사에 들어갔기 때문이다. 1967년경부터 지금의 서초구를 지나는 경부고속도로 구간 주변이 정리되기 시작했다.

그러던 1970년 11월 5일 양택식 서울시장은 '남서울 개발계획'을 발표했다. 이 계획의 목적은 서울 강북에 주요 기관과 인구가 몰려 있는 것을 한강 남쪽, 즉 강남으로 분산하는 것이었다. 여기서 남서울은 영동1지구와 영동2지구를 의미했다. 영동1지구는 영등포구 신동출장소 관할 구역인 지금의 서초구 일대였고, 영동2지구는 성동구 언주출장소 관할 구역인 지금의 강남구 일대였다. 말죽거리라는 농촌으로 알려진 강남 일대가 이때부터 신도시로 개발되면서 영동으로 알려지기 시작했다.

강남 개발 초기의 분위기를 엿보기 위해 1970년대에 촬영한 강남대로 일대의 항공사진을 살펴보았다. 항공사진은 위에서 내려다보는 구도라 한계가 있지만 마을 구획이나 도로 구획의 모습은 제대로 보인다. 여러 해에 걸쳐 촬영한 사진들을 비교하면 그 지역이 변해가는 모습을, 즉 길이 생기고 건물이 늘어나는 모습을 정확히 확인할 수 있는 장점이 있다.

1973년 촬영된 항공사진을 보면 논현동 언덕에 아파트가 보이는데 주변이 빈 땅으로 둘러싸여 있다. 강남 개발 초기 시범사업 삼아 지은 공무원아파트다. 농경지 주변으로 바둑판처럼 줄맞춰 들어선 주택들도 보이는데 인근의 비정형 모양의 구획에 자

1973년 강남대로 일대 항공사진. 사진 중앙의 교
차로가 지금의 논현역 사거리. 상단 오른쪽의 아
파트가 공무원아파트로 후에 신동아파밀리에아
파트로 재건축되었다. ⓒ국토지리정보원

1975년 강남대로 일대 항공사진. 오른쪽 사진 상
단의 교차로가 논현역 사거리다. 70년대 중반 강
남의 주택가가 팽창해 가는 모습을 볼 수 있다.
ⓒ국토지리정보원

리한 농촌 마을의 모습과는 크게 비교되는 모습이다. 강남대로 서쪽의 반포동도 비슷한 모양새다. 바둑판 같은 구획에 들어선 집들이 있는가 하면 자연의 굴곡 그대로 들어선 집들이 있다. 그 외에는 빈 땅이 많이 보인다.

해가 가며 이 일대의 모습은 크게 바뀐다. 1974년 항공사진을 보면 논현동과 반포동 일대가 집들로 가득 차기 시작하고 1975년 항공사진을 보면 이 일대는 빽빽한 주택가가 되어 있다. 강남이 팽창되어 가는 힘이 느껴진다.

1970년대 중반을 지나며 강남은 더욱 팽창되어 간다. 거기에는 관련 법률과 제도를 수정하며 강남 개발을 독려한 정부의 관심이 크게 작용했다. 대표적인 법률이 1972년 12월 30일에 제정된 「특정지구개발촉진에 관한 임시조치법」이었다. 이 법에 규정된 '주택건설 촉진 지구'나 '재개발 촉진 지구'에 지정되면 다양한 특혜를 받을 수 있었다. 특히 부동산 관련 세금을 면제해 주었는데 심지어 이미 낸 세금을 돌려주기까지 했다. 금융 융자 등 다양한 지원책도 있었다. 특혜가 많은 법률이라 1975년 말까지만 효력 있는 한시법으로 제정되었지만 1978년 말까지로 연장되었다. 이 법률이 겨냥한 강남 일대 개발이 1975년 말까지 마무리할 수 없었기 때문이다. 영동1지구와 영동2지구는 1973년 6월에 개발촉진구역으로 지정되었다. 이 결과, 영동 지구 내 모든 부동산 관련 세금이 면제되면서 영동 지구 개발이 속도감 있게 진행될 수 있었다.

'아파트지구' 제도 도입도 강남 개발에 한몫 크게 차지했다. 만약 아파트지구로 지정된다면 그 구역은 아파트만 건설해야 했

다. 아파트를 지을 만한 넓이의 땅을 보유하지 않은 지주들에게
는 날벼락이었을 테고, 아파트 용지 확보에 혈안이었던 건설업자
들에게는 희소식이었을 것이다. 어쩔 수 없이 아파트 건설회사에
땅을 매각한 지주들이 많았다고 한다.

1976년 1월부터 도입된 이 제도로 압구정동·반포동·청담
동·도곡동 그리고 이촌동·여의도·잠실 일대가 아파트지구로
지정되었다. 강남 3구 일대와 한강 벨트의 많은 아파트 단지가
이때 건설되었다. 지금은 1세대 아파트 단지가 헐리고 2세대 아
파트 단지로 재건축되면서 풍경이 달라지고 있다. 결과적으로
이 제도는 한국의 주택건설 경향이 단독주택에서 아파트로 전환
되는 계기가 되었다고 평가된다.[6]

「택지개발촉진법」도 지금의 강남을 있게 한 공이 크다. 1980
년 12월에 공포된 이 법률에 근거한 '택지개발 촉진지구'로 지정
되면 도시계획법, 하천법, 산림법 등 건축 규제 관련 법률 22개가
효력이 정지됐다. 대규모 건설 공사나 토목 공사를 가로막는 장
애물이 싹 사라지게 된 것이나 마찬가지였다. 이 영향으로 생산
녹지, 자연녹지, 임야 등이 아파트 숲이 되어갔다. 강남에서는 개
포동과 수서동이 택지개발 촉진지구였다. 개포지구는 1981년에
지정되었고 수서지구는 1989년에 지정되었다.

강남은 이렇게 많은 특혜 속에서 개발되었다. 그래도 신도시
를 건설하는 대규모 토목사업이니 관청에 허가받아야 하는 업무

---

6   손정목, 『서울 도시계획 이야기 3』, 한울, 2003, 325쪽.

가 많았다. 하지만 강남 개발 초기 영동1지구와 영동2지구는 담당 구청이 달랐다. 1지구는 영등포구청의 신동출장소가, 2지구는 성동구청의 언주출장소가 담당했다. 서울시에서는 이동 시청까지 설치하며 행정을 도왔지만, 건설회사와 개발 관계자들은 두 구청을 상대해야 하는 등 업무 처리 과정이 복잡했다.

그래서 신동출장소와 언주출장소를 하나로 묶은 영동출장소가 설치되었다. 1973년 7월 1일에 출범했고 성동구청 관할 출장소였다.[7] 이 조치로 영동1지구와 2지구가 하나의 행정구역이 되었다. 이때부터 강남 지역은 영등포의 행정적 영향에서 벗어나게 되었다. 그래도 출장소에 붙은 영동이라는 지명처럼 여전히 영등포의 그늘을 걷어내진 못했다. 그만큼 영등포 동쪽이라는 지역성은 떨쳐내기 힘들었다.

영동출장소는 강남대로 안쪽에 들어선 영동시장 건물 2층에 간판을 걸었다. 영동시장은 논현동 주민들 편의를 위해 문을 연 상가형 시장이었다. 1973년에 시장이 들어서기 전에는 강남대로 주변과 논현동 골목 등에 노점상들이 있었다고 한다. 옛 영동시장 건물은 2012년에 재건축되었고 영동시장은 맛집으로 유명한 골목 시장으로 남아 있다.

영동시장이나 영동중학교처럼 1970년대에는 영동을 이름으로 한 시설이 많았다. 강남대로의 도로명도 원래는 '영동1로'였

---

7 1973년 7월 1일 대통령령 제6548호로 영등포구 신동출장소가 성동구로 편입했고, 같은 날 서울특별시 조례 제730호에 의해 언주출장소와 신동출장소를 병합해 영동출장소가 출범했다.

1973년에 들어선 영동시장. 2층에 영동출장
소가 있었다. ⓒ서울역사박물관

다가 1976년 6월에 지금의 도로명으로 바뀌었다. 강남대로 일대의 행정구역이 강남구가 되었기 때문이다.

성동구청 영동출장소는 1975년 10월 강남구로 독립했다.[8] 이름에 남아 있던 영등포의 흔적도 사라졌다. 아마 이때부터 지금의 강남에 강남이라는 정체성이 생기기 시작한 거 같다. 지역을 관장하는 구청과 지역을 대표하는 도로에 붙은 강남이라는 명칭이 이 지역을 상징하는 단어로 자리 잡은 것이다.

그런데 강남은 원래 한강 남쪽을 의미했지만, 언제부터인가 그 이상의 의미를 내포하는 개념이 되었다. 강남은 국가 권력이 개입된 도시개발과 교육환경 덕분에 특별한 지역이 되었다. 이들 지역에 상대적 부유층 혹은 특권층이 거주하게 되면서 경제 규모 상승에 따른 투자와 정책적 배려도 집중되었다. 다른 지역과 격차를 크게 벌리게 된 이유다.

그래서일까. 보통명사인 강남은 언제부터인가 고유명사가 되어 있었다. 한강의 남쪽을 의미하는 보통명사보다는 고액 부동산이나 좋은 교육환경을 상징하는 개념으로서 고유명사 '강남'이 통용되고 있는 것이다. 이러한 고유명사 강남이 상징하는 이미지는 후발 신도시들이 닮고 싶어 하는 덕목이기도 하다. '제2의 강남' 같은 슬로건을 신도시 개발 과정에서 쉬이 볼 수 있다. 그런데 지금의 강남 지역보다 먼저 강남으로 불린 지역이 있었다. 어디냐 하면, 영등포다.

---

8 1975년 10월 1일 대통령령 제7816호에 의해 강남구가 출범했는데 이때는 지금의 강동구와 송파구도 강남구 관할이었다.

원조 강남 영등포

'여기도 강남이었겠구나!' 언젠가 한림대학교 강남성심병원에 문병하러 갔을 때 문득 이런 생각이 들었다. 병원이 있는 곳은 영등포구 대림동으로 동작구와 관악구, 그리고 구로구와도 가깝다. 그러고 보면 병원 이름에 '강남'이 들어갔지만, 사람들이 떠올리는 강남의 이미지와는 조금은 먼 동네다.

병원 이름으로 쓴 강남은 아마도 한강의 남쪽을 의미했을 터. 그리고 병원을 세우려고 계획했을 때 강남은 이 지역의 별칭으로 불리기도 했을 테다. 강남성심병원 역사를 보니 1978년에 착공해 1980년에 개원했다. 이 시기만 해도 영등포 일대가 한강의 남쪽, 즉 강남으로 불렸던 걸 보여주는 사례 중 하나다.

도시 탐사 칼럼 연재를 위해 영등포 관련 문헌을 뒤져볼 때 '강남'이라는 단어가 자주 눈에 띄었다. 특히 과거 신문 기사를 검색할 때 많이 걸렸다. 이들 기사를 살펴보면, 지금부터 100년 전쯤 영등포 일대는 '강남'이라 불렸던 것으로 보인다. 한림대학교 강남성심병원 사례에서 보듯 1970년대 후반까지도 그렇게 불렸다.

영등포는 한때 한강 남쪽 서울의 중심지였다. 한강 남쪽에서 가장 먼저 서울로 편입된 지역이기도 하다. 그때가 1936년이었으니 이 책을 쓰고 있는 2024년 현재 영등포는 서울이 된 지 90년이 되어간다.

1392년 조선 개국 후 1394년에 한양을 수도로 정하고는 오래도록 서울의 영역은 한강을 건너가지 않았다. 영등포 일대는 오래도록 경기도 시흥군에 속했었다. 한강 남쪽의 한적한 농촌이었던 영등포가 1899년에 철도가 뚫리고 일제강점기에 공업지대가 되면서 자본이 모이는 지역이 되었다. 그래서 영등포 일대가 발전하기를 바라는 사람들의 모임이 결성되었을까. 이름하여 '강남발전회'.

1926년 9월 〈동아일보〉에 '강남발전준비회'라는 단체의 활동 소식을 전하는 기사가 실렸다.[9] 기사를 분석하면, 강남발전준비회는 노량진 등 영등포 일대 유지들이 결성했는데 친일파인 조병상을 비롯해 시흥군수 등 주로 일본인들 중심으로 모인 압력단체로 보인다. 이 단체 명칭에 들어간 '강남'은 영등포 일대를 의미했다. 그 범위에는 노량진과 신길동, 대방동과 흑석동, 그리고 상도동이 포함된다. 단어 그대로 한강의 남쪽을 의미했다.

위 기사가 나간 후에 이 단체의 이름은 '강남발전회'로 바뀌

---

9 「대경성 계획과 노량진 발전책」, 〈동아일보〉, 1926. 09. 23.

었다. 준비회를 떼고 본격적인 활동에 나선 것으로 보인다. 1926년부터 1930년대까지 강남발전회 활동 소식을 전하는 신문 기사들이 꽤 검색에 걸린다. 이들은 모임 이름처럼 강남의 발전, 즉 영등포 일대의 발전을 꾀했다. 강남발전회는 한강 인도교 확장 보수와 전차 노선 확대를 주장하며 활동을 시작했다.

1917년에 준공된 한강 인도교는 처음에는 사람과 수레 정도만 오갈 수 있는 넓이의 다리였다. 그나마도 1925년 을축년 대홍수 때 일부가 무너져 이용할 수 없게 되었다. 그러다 1937년에 다리 폭을 넓혀 보수한 후 개통했다. 이때부터 한강 인도교는 전차와 버스가 건너다닐 수 있는 다리가 되었다. 강남발전회가 바랐던 건 영등포 일대의 발전이었다. 인근 대도시인 서울과 인천을 잇는 중요한 거점으로 발전하기를 바란 것이다.

영등포는 원래 영등포리라는 한적한 시골이었다. 1917년에야 인근 동리를 합쳐 영등포면으로 승격했고, 1931년에는 영등포읍으로 승격했다. 철도와 공업지대 덕분에 발전하며 지역의 위상 또한 커지게 되었다. 덕분에 1920년대부터는 영등포를 경성으로 편입해야 한다는 움직임이 있었다. 하지만 영등포 유지들은 인천부나 경성부와 같은 위상인 '영등포부(永登浦府)'라는 행정 단위로 독립하기를 바랐다. 일제강점기의 부(府)는 오늘날 시(市)와 같은 지역 행정 단위다.

그런데 조선총독부는 영등포를 경성부에 편입하려 했다. 이에 영등포 유지들은 반대 활동을 펼쳤다. 공업지대인 영등포는 세금 수입이 많아서 자생할 수 있었기 때문인데, 만약 경성부에 속하게 된다면 그 수입이 영등포가 아닌 경성부의 다른 지역에 쓰이게 될까 봐 우려해서였다.[10] 유지들의 반대 활동에도 불구하고 영등포는 1936년 경성부에 편입되며 출장소가 설치되었다. 이때 노량진, 흑석동, 상도동 등도 영등포출장소 관할에 속하며 서울이 되었다.[11] 이 시기부터 신문에 영등포 일대뿐 아니라 노량진, 대방동, 흑석동, 상도동 등을 강남으로 표현한 기사를 꽤 볼 수 있다. 그 사례 중 하나가 1938년경 대방동에서 문을 연 '법덕온천'이라는 휴양 시설 안내 기사다.[12] 기사는 법덕온천을 "강남 신명소"의 하나라고 소개한다. 당시 대방동은 물론 상도동과 흑석동에 일본인을 위한 주택단지가 조성되었는데 이들을 겨냥한 휴양 시설로 보인다.

1930년대 말 영등포 일대 각급 학교 졸업생 현황을 다룬 기사도 눈에 띈다.[13] 제목부터 "강남 일대 각 학교"라는 표현을 썼다. 이 기사는 각 학교의 졸업생이 몇 명인지, 그들 중 몇 명이 상급 학교에 진학했는지 혹은 어느 분야에 취업했는지 등을 조사했다. 그 외 이 시기 여러 신문이 '강남 지역에 학교가 부족하다'는 취지의 기사들을 내보내기도 했다.

이들 몇몇 기사만 영등포 일대를 강남으로 지칭한 건 아니다. 학교나 건물 이름 등에 강남이 들어간 시설들이 영등포와 가

---

10 염복규, 『서울의 기원 경성의 탄생』, 이데아, 2016, 128쪽.
11 영등포구, 『영등포구지』, 영등포구, 2022, 41쪽.
12 「번대방정 신명소 법덕온천관 준공」, <조선일보>, 1938. 10. 19.
13 「강남 일대 각 학교의 졸업생 동향 타진, 약 900명은 어디로?」, <조선일보>, 1939. 03. 05.

까운 지역에 여럿 있다. 공립학교는 보통 그 학교가 소재한 동네 이름이나 그 지역을 의미하는 단어로 교명을 지을 때가 많다.

그렇게 '강남'이라는 이름이 학교 이름에 들어간 곳이 대방동의 '강남중학교'와 상도동의 '강남초등학교'다. 강남초등학교는 일제강점기에 개교해 보통학교와 소학교 시절부터 '강남'이라는 이름을 써왔다. 1959년에 개교한 강남중학교는 학교가 들어설 즈음에 대방동 일대가 강남으로 불렸다는 걸 보여 준다.

숭실대학교 정문 인근에는 '강남아파트'라는 건물이 있다. 1층에는 점포들이 있고 다른 층은 아파트인 주상복합건물이다. 상도동에 자리한 이 건물에 강남이라는 이름이 붙은 건 1972년 준공 당시라고 한다. 강남이 개발되기 시작한 1970년대 초 상도동 일대가 강남으로도 불렸던 걸 보여주는 사례라 할 수 있다.

도시문헌학자 김시덕은 그의 여러 책에서 영등포를 "최초의 강남"이라고 표현했다.[14] 서울 역사에서 처음으로 한강 남쪽의 땅으로 영역을 넓혔다는 관점에서다. 물론 학자나 전문가가 최초의 강남이라 정의하기 전에도 영등포 일대는 강남으로 불려왔었다. 그런 의미에서 난 영등포를 소재로 한 글에서 '원조 강남'이라는 표현을 썼었다. 아마도 내가 처음으로 쓴 표현은 아닐 테지만 영등포와 지금의 강남 지역을 보면 그 상황이 딱 들어맞는 듯하다.

이 표현을 난 신당동 떡볶이 골목과 장충동 족발 거리에서 떠

---

14 김시덕, 『서울선언』, 열린책들, 2018, 267쪽.; 김시덕, 『갈등도시』, 열린책들, 2019, 157쪽.

동작구 상도동의 강남아파트.
숭실대학교 인근에 있다.

올렸다. 과장을 하자면 이곳에 있는 거의 모든 점포가 자기네가 원조임을 내세웠다. 이들 점포가 원조라는 단어를 쓰는 이유는 정통성을 강조하기 위해서다. 즉 자기네가 먼저이고 진짜라는 의미.

그런데 원조를 영등포와 강남의 관계에다 대입하니 씁쓸함이 느껴지기도 한다. 먼저 출발한 선발주자보다 앞서가는 후발주자를 바라보는 그런 씁쓸함이다. 영등포의 동쪽이라는 정체성에서 출발한 지금의 강남 지역은 분명 후발주자였다. 하지만 영등포 일대를 상징했던 강남이라는 표현이 언제부터인가 지리적 특성 이상의 가치가 부여된 고유명사 강남으로 자리 잡으면서 영등포 동쪽에 있는 지역으로 옮겨가 버렸다. 그런데 이런 개념에 따르면 잠실을 보유한 송파도 오늘날 강남으로 분류된다.

[잠실은 한강의 섬이었다   ]

　잠실은 섬이었다. 뽕나무가 많아 한때 누에치기가 성행했던 잠실은 50여 년 전까지만 해도 한강의 섬이었다. 물을 막아 육지로 만드는 간척사업이 대규모로 펼쳐지기 시작한 것은 고려시대부터다. 몽골 침입으로 강화도로 피난한 사람들을 부양할 경작지가 모자라자, 바다에 둑을 쌓아 그 안쪽 땅을 메웠다고 한다.[15] 그러고 보면 지금의 강화도는 원래의 모양이 아닐 것이다. 섬에서 육지가 된 잠실처럼.

　한반도에서의 간척은 주로 서해나 남해에서 이루어졌다. 만(灣) 안쪽 바다를 메우거나 갯벌을 메웠는데 기록에 남지 않는 곳이 많을 정도로 흔한 일이었다고 한다. 이러한 바닷가에서의 간척은 염전이나 경작지를 만들려는 목적이 있었다. 그런데 한강의 섬이었다가 물길을 막고 육지가 된 잠실은 아파트 단지 건설처럼 신도시를 개발하려는 목적이 컸다. 만약 잠실이 섬이었던

15　김시덕, 『한국 문명의 최전선』, 열린책들, 2024, 44쪽.

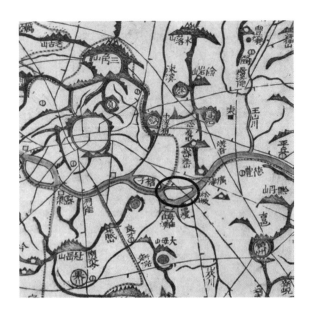

김정호의 <대동여지도>.
가운데 원 안의 섬이 잠
실이다. ⓒ규장각한국학
연구원

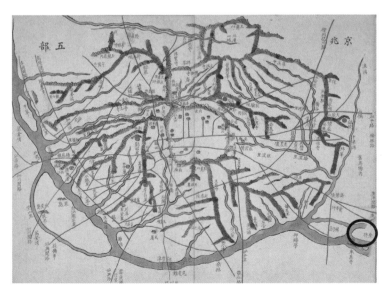

김정호의 <경조오부도>. 서울 일대의 지도로 잠실이 섬으로 표시되어 있다.
오른쪽 아래 원이 잠실. ⓒ서울역사박물관

게 믿기지 않는다면 과거 지도나 항공사진을 보면 된다. 바로 믿게 될 것이다.

우선 김정호가 제작한 〈대동여지도〉를 보면 잠실은 강북과 송파 사이를 흐르는 한강에 떠 있는 섬으로 표기되어 있고, 역시 그가 제작한 〈경조오부도〉에도 잠실은 상림(桑林), 즉 뽕나무 숲으로 표기된 섬으로 나와 있다. 일제강점기에 제작한 지도나 1960년에 나온 〈최신 서울특별시 전도〉에도 잠실은 한강의 섬으로 표시되었다. 무엇보다 항공사진을 보면 확실하게 알 수 있다. 잠실이 아직 섬이었던 1969년에 촬영한 항공사진을 보면 한강 가운데에 떠 있는 섬의 윤곽을 볼 수 있다.

잠실이 섬이었던 시절의 역사는 송파구의 공원에 자리한 표지석들에 새겨져 있다. 종합운동장역 인근 아시아공원에 있는 '부리도 부렴마을' 표지석과 잠실근린공원에 있는 '새내 내력비'가 바로 그 표지석들이다. 전문 서적이나 연구 문헌에 기록된 역사는 아니지만, 실제 잠실섬에 살았던 주민들이 직접 새겨 넣은 역사라 의미가 깊다.

이들 표지석에 새겨진 문구를 종합하면, 잠실은 원래 광진구 자양동 아래 자락에 붙은 반도(半島)였다. 그러다 중종 15년(1520년) 대홍수가 발생해 자양동과 반도 사이에 샛강이 생겼다. 이때부터 반도는 뭍에서 떨어져 나왔다. 그곳이 잠실이었다. 즉 잠실은 자양동 쪽에서 분리되어 섬이 되었다.

조선시대 후기에 잠실의 행정구역은 경기도 고양군 고양주면 잠실리였다. 1914년부터는 고양군 뚝도면 잠실리였다. 즉 뚝섬

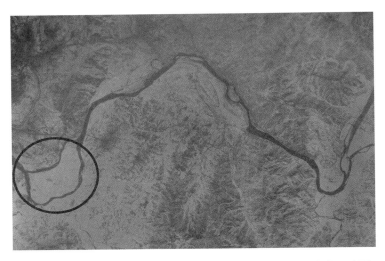

1969년 한강 유역 항공사진. 잠실 북쪽과 남쪽으로 한강이 흐르는 모습을 보여주는 사진이다. ⓒ국토지리정보원

부리도 부렴마을 표지석. 서울 지하철 2호선 종합운동장역 앞 아시아공원에 있다.

에 속한 섬이었다. 그러고 보면 고양군이나 뚝섬은 모두 한강 북쪽 지역에 속한다. 아시아공원에 표지석을 남긴 '부렴마을'은 부리도에 있었던 전통 마을이다. 부리도는 원래 잠실섬 서쪽에 있던 작은 섬으로 행정구역상 경기도 광주군 언주면 삼성리에 속한 지역이었다. 즉 지금의 강남구 삼성동에 속했었다. 광주군이나 삼성동은 모두 한강 남쪽 지역에 속한다.

부리도는 한강의 수위가 올라가면 독립된 섬이었지만 수위가 내려가면 잠실과 이어지곤 했나 보다. 그렇게 퇴적물이 쌓이다 어느 순간 한 섬이 된 것으로 보인다. 지금의 종합운동장 일대에 부리도와 부렴마을이 있었다.

새내 내력비에는 잠실섬에 있던 마을들 이야기가 새겨져 있다. 잠실섬 북쪽으로는 샛강이 흘렀는데 강변에 새냇마을이 있었다. 그곳이 지금의 신천동인 신천리였다. 잠실새내역의 과거 이름은 신천역이었는데 이러한 유래가 담긴 거였다.

잠실섬 남쪽에는 지금의 잠실동인 잠실리가 있었다. 그리고 두 마을의 서쪽에 부렴마을이 있었다. 이들 세 마을의 주민들은 추석이면 한 자리에 모여 마을 잔치 겸 체육대회를 벌일 정도로 가깝게 지냈다고 한다. 과거 잠실섬이 속했던 행정구역에서 보듯 잠실은 뚝섬, 자양동, 성수동 등과 생활권이 같았다. 하지만 섬에는 초등학교만 있어서 학생들은 육지의 상급 학교로 진학할 수밖에 없었다고 한다. 학생들은 새냇마을의 나루터에서 배를 타고 자양동을 오가며 통학해야 했다. 그러니까 잠실은 과거 강북 생활권이었다.

신문 기사 데이터베이스에서 1970년대 이전의 잠실을 키워 드로 검색하면 '홍수'나 '서울의 낙도'로 묘사하는 기사를 꽤 볼 수 있다. 그런데 두 키워드는 연결되기도 한다. 한강 가운데에 자리한 잠실은 장마철이면 잠기기 일쑤였고 홍수로 섬이 초토화된 적도 많았다. 하지만 전기는커녕 전화가 없어 구조 요청을 못 해 피해가 심했던 적이 많았다고.[16] 그래서 1960년대에 홍수 관련 기사들을 보면 미군 헬기가 잠실섬 주민들을 구조했다는 소식을 접할 수 있다.[17]

반면 1970년대의 잠실을 검색하면 홍수 대신 부동산 관련 기사가 많이 나온다. 무엇보다 섬이었던 잠실이 육지가 된다는 소식은 1970년대 초를 강타했다. 당시 기사들에서는 육지에 속하게 되었다는 육속화(陸續化)라는 표현을 썼다.[18] 그런데 이 시기 신문을 보면 신천강이나 송파강이라는 표현을 볼 수 있다.[19] 지역마다 한강을 다른 이름으로 불렀기 때문인데 잠실섬 주민들은 신천강이나 송파강으로 불렀다. 마포 일대에서는 서강이나 마포강으로, 한남동이나 서빙고 방면에서는 한강으로 불렀다. 조선 시대의 문헌 등에서는 경강(京江)으로 표현하기도 했다.

신천강과 송파강은 잠실이 섬이었던 모습을 상징하기도 한다. 섬 북쪽과 자양동 사이로 흐르는 한강의 지류인 샛강을 신천

---

16 「서울 속의 낙도 잠실 마을 딱한 사정」, <경향신문>, 1965. 12. 25.
17 「헬리콥터로 대피, 고립된 잠실리」, <동아일보>, 1966. 07. 26.
18 「뭍으로 이어진 서울의 고도 잠실」, <경향신문>, 1971. 04. 16.
19 「송파강 물막이 공사 끝내」, <동아일보>, 1971. 04. 16.

강으로 불렸고, 섬 남쪽 잠실리와 강 건너편의 송파 지역 사이를 흐르는 한강 본류를 송파강이라 불렀다. 잠실섬 육속화는 지류인 신천강을 본류로 만들고 본류인 송파강의 물길을 막아 송파 쪽 육지와 합치는 공사였다.

　잠실을 육지로 만든 목적 중 하나는 한강 연안의 홍수를 대비하기 위함이었다. 그러기 위해 잠실섬의 북동쪽 돌출부를 제거해 한강의 물줄기를 직선화하고, 탄천 하류에도 제방을 겸하는 도로 건설을 계획했다. 한강 연안의 저지대를 홍수 피해에서 보호하려는 목적이 있었다.

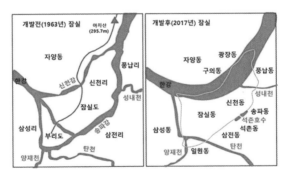

섬의 북쪽을 잘라서 한강 물길을 넓혔고, 섬의 남쪽은 물막이 공사를 했다. 석촌호수가 물막이 공사의 흔적, 즉 한강이었던 흔적이다. ⓒ나무위키

　과거 지도를 보면 이를 이해할 수 있다. 구리시 즈음에서 크게 휘어서 흘러오는 한강의 물길을 잠실섬이 막고 있는 형국이다. 만약 한강 상류에서 물이 불어나면 잠실섬과 만나 더 불어나

게 되어 한강 북쪽과 남쪽의 저지대에 영향을 끼칠 수 있는 구조였다. 그래서 섬 일부를 잘라내고 강남 쪽 연안에다 붙여서 물길의 활로를 뚫어주려는 의도가 있었다.

잠실 육속화 공사는 1971년 2월에 시작해 4월경에 끝났다. 잠실을 육지로 만든 또 다른 목적은 신도시를 건설하는 거였다. 물길을 막은 후 토지구획 정리가 진행되었다. 하지만 제방을 쌓고 저지대를 높여 택지로 만들기 위해서는 흙이 부족했다. 섬을 잘라낸 흙과 강에서 퍼낸 토사를 썼지만 모자랐다. 그래서 공사장 남쪽의 한 언덕을 허물자는 의견이 나왔을 것이다.

그곳은 몽촌토성 자리였다. 지금은 복원돼 토성의 모습을 하고 있지만 당시는 동산의 모습을 하고 있었기에 흙을 가져다 쓰자는 의견이 나왔을지도 모른다. 그래도 그 자리가 백제의 오랜 유적지임을 알아본 이들 덕분에 보존할 수 있었다. 대신 모자라는 흙은 서울시에서 배출되는 쓰레기로 대체했다고 한다. 그중에서도 연탄재가 효자 노릇을 했다고. 그러니까 잠실동과 신천동 일대의 바닥 깊은 곳에는 연탄재가 묻혀 있는 것이다.[20]

송리단길로 유명한 석촌호수는 한강 물길의 흔적이다. 잠실 개발 초기 석촌호수 일대는 '포락지'였다. 토지가 물에 침식돼 수면 밑으로 잠겨버린 토지를 말한다. 다시 말해 커다란 웅덩이였다. 포락지 규모가 크고 깊어 이를 메우는 비용이 땅 매각 수입보다 클 것으로 예상돼 그냥 호수공원으로 개발하게 되었다.[21]

---

20 손정목, 『서울 도시계획 이야기 3』, 한울, 2003, 196쪽.
21 「잠실 토지구획정리지구 감보율 50% 내정」, <동아일보>, 1973. 07. 23.

그렇게 잠실은 신도시가 되어 갔다. 과거와 현재를 비교하면 상전벽해라는 표현이 어울리는 지역이 되었다. 오늘날 잠실이 속한 송파구는 강남 3구로 분류되기까지 한다.

그러고 보면 한국의 부동산 개발은 옛것을 헐고 묻어버린다. 오래도록 그곳에 터 잡고 이어온 역사와 공간을 부정하는 방식의 개발이기도 하다. 때로는 대를 이어 터전을 지켜온 선주민들을 이주시키고 공동체를 붕괴시키기도 한다. 이러한 한국의 도시개발 방식을 도시 탐구자인 로버트 파우저는 "제도화된 폭력"이라고 표현하기도 했다.[22] 그 시작일지도 모르는 강남에는 이미 사라졌거나 사라져 가는 모습들이 많다. 다음에 이어지는 글들은 그러한 강남의 원형일지도 모른다.

---

22 로버트 파우저, 『도시독법』, 혜화1117, 2024, 9쪽.

[강남을 가르는 경계선들   ]

강남대로는 경계선이다. 도로를 기준으로 서쪽은 서초구, 동쪽은 강남구다. 눈썰미 좋은 사람은 강남대로 서쪽과 동쪽의 인도에 깔린 보도블럭 모양이 각기 다른 걸 알아챘을 것이다. 쓰레기통도 디자인이 다르고, 자세히 보면 가로수 종류도 다르다.

지도에는 강남대로 중앙선을 기준으로 두 자치구의 영역이 나뉜 것으로 나온다. 그렇다면 강남대로 한복판에 있는 중앙버스정류장의 관리는 어느 자치구에서 담당할까? 서초구가 담당하는 것으로 보인다. 정류장마다 '푸른 서초 꽃밭'이라는 팻말과 함께 풀밭 같은 꽃밭이 있다.

한강을 기준으로 강남대로는 한남대교 남단에서 시작해 양재역 방향으로 향하는 7.9km의 왕복 10차선 도로다. 양재역사거리까지 강남대로는 강남구와 서초구를 가르고 양재역부터 양재 IC 부근의 염곡사거리까지는 서초구를 달린다. 염곡사거리 남단부터는 도로명이 헌릉로로 바뀐다. 이렇듯 강남대로는 강남구와

108

서초구의 두 자치구 사이에 놓였고 남쪽의 약 2.5km 구간은 서초구 영역에 놓였다.

그런데 서울의 두 자치구가 공유하는 도로의 이름을 강남구 이름에서 따왔다. 강남역도 마찬가지다. 서울지하철 2호선과 신분당선이 교차하는 강남역의 열두 개 출입구 중 여섯 개가 서초구에 있고, 나머지 여섯 개가 강남구에 있다. 서초구가 지하철역 출입구 지분의 절반을 소유하고 있지만 역명은 강남을 사용한다.

서초구 관점에서 불공평할 수 있는 일이 벌어진 건 왜일까? 멀지 않은 역사에서 그 이유를 찾을 수 있다. 강남대로가 놓인 시기와 강남역이 열린 시기에 그 일대는 모두 강남구에 속했었다. 그러니까 서초구가 강남구에서 분구하기 전에 도로가 놓이

1975년 강남대로 일대. 사진 중앙의 교차로가 지금의 논현역사거리, 도로 왼쪽이 서초구 반포동, 오른쪽이 강남구 논현동이다. 사진 오른쪽 위에 공무원아파트가 보인다. 현재 신동아파밀리에아파트가 들어선 자리다.
ⓒ서울역사박물관

고 지하철이 연결된 거였다. 원래 영동1로였던 도로의 이름이 강남대로로 변경된 건 1976년 6월이었고, 강남역이 운영을 시작한 건 1982년 12월부터였다. 그리고 서초구가 강남구에서 분구된 건 1988년 1월이었다.

지금의 강남대로 주변은 과거에도 두 지역이 경계를 이루는 곳이었다. 이 지역이 서울이 되기 전만 하더라도 경기도 광주군 언주면과 시흥군 신동면이 마주했었다. 강남대로 또한 과거에 서울에서 남쪽 지방으로 가는 큰길인 '영남대로(嶺南大路)' 구간 주변에 놓였다. 영남대로는 한남동에서 한강을 건너 말죽거리를 지나 경기도, 충청북도, 경상북도, 경상남도를 거쳐 부산으로 가는 길이었다. 강남대로처럼 직선으로 곧게 뻗은 길이 아니라 구릉의 경사와 하천의 굴곡에 따라 구불구불 이어지는 길이었다.

강남대로 인근에 옛 영남대로의 흔적을 엿볼 수 있는 길이 있다.[23] 뱅뱅사거리 안쪽의 '도곡로4길'이 그곳이다. 이 길을 지도로 보면 인근의 길 모양과 다른 걸 알 수 있다. 직선인 다른 길들과 달리 도곡로4길은 완만한 곡선을 이룬다. 강남의 주택가를 지도로 보면 바둑판 모양의 필지가 아닌 비정형 모양의 필지가 몇 군데 있다. 강남이 개발되기 전부터 있었던 전통 마을의 흔적이라고 보면 된다. 그런 동네들의 이면도로는 지형지물의 형세에 따라 곡선을 이루거나 구불구불하다.[24]

23 김시덕, 『문헌학자의 현대한국 답사기』, 북트리거, 2023, 317쪽.
24 대치동 구마을 일대, 역삼동 국기원 주변, 신사동 가로수길 주변, 도곡1동 주민센터 일대, 매봉역 북쪽 주택가 일대 등을 지도로 보면 동네 구획이 바둑판 모양

도곡로4길은 은광여고 앞을 지나면서 남부순환로359길로 바뀐다. 이 길에서 남부순환로를 건너면 양재우체국과 양재시장 앞을 지나는 남부순환로356길로 바뀌는데 이 길 또한 영남대로의 얼마 남지 않은 흔적이다. 바둑판 모양으로 놓인 주변 필지의 길들과 달리 완만한 굴곡을 이룬다.

광주군과 시흥군으로 나뉘었지만, 과거 말죽거리 일대는 같은 생활권이었을지도 모른다. 양재역사거리를 공유하는 서초구와 강남구 모두 말죽거리를 자기네 자치구의 역사에 속한다고 주장하는 것도 이런 연유가 작용하지 않았을까. 사실 광주군 언주면과 시흥군 신동면의 면사무소들은 가까운 위치에 있었다. 지금의 도곡1동 주민센터가 과거 언주면 사무소 자리에 들어섰고, 양재종합사회복지관이 신동면 사무소 자리에 들어섰다. 두 시설 모두 양재역 인근에 있고 직선거리로는 약 500m 떨어져 있다. 면사무소는 보통 면민이 많이 거주하는 중심지에 설치하는데 말죽거리 일대가 광주군 언주면과 시흥군 신동면 주민들이 많이 살았던 두 면의 중심지인 걸 알 수 있다.

두 지역 주민의 관계를 엿볼 수 있는 사건이 1931년 10월 〈동아일보〉에 실렸다. 경기도 광주군 언주면 역삼리에 사는 기독교 신자들이 병을 쫓아 달라며 찾아온 시흥군 신동면 잠실리 주민을 결박해 기도하다가 사망에 이르게 한 사건이었다.[25] 이 기사

이 아닌 비정형이다. 골목길 또한 동네 모습 따라 곡선이거나 구불구불하다. 과거 전통 마을이 있었던 흔적이다.
25 「환자를 결박 기도하다 죽여」, 〈동아일보〉, 1931. 10. 13.

에서 언주면 역삼리와 신동면 잠실리를 "그 이웃 동네"라 표현했다. 역삼리는 지금의 역삼동을, 잠실리는 지금의 잠원동을 가리킨다.[26] 시흥군 신동면과 광주군 언주면 사이에 왕래를 어렵게 하는 높은 산이나 넓은 하천이 없어서 두 지역 주민은 서로를 이웃 동네로 생각했을지도 모른다.

그래서였을까, 두 면이 합쳐지길 바란 적도 있었다. 1952년 11월 〈조선일보〉에 언주면 면의회(面議會)에서 언주면을 광주군에서 분리해 시흥군에 편입하자는 토론을 벌여 통과시켰다는 기사가 실렸다.[27] 언주면이 광주군청 소재지인 광주면 경안리와 너무 멀어서 면민들이 행정적 불편 사항이 많다는 이유에서 벌어진 일이었다.

그렇다면 어떻게 되었을까. 다음 해인 1953년 1월 〈조선일보〉에 시흥군 편입안이 번복되었단 소식이 실렸다.[28] 기사를 참조하면, 언주면 면의회가 회의를 통해 언주면이 계속 광주군에 남아있기로 정했다. 결과야 어떻든 면의회에서 분리 및 편입 논의가 벌어지고 통과까지 되었단 사실은 광주군 언주면과 시흥군 신동면의 거리만큼이나 가까운 유대감이 있었음을 보여주는 사례라

---

26 잠원동에는 조선시대에 잠실도회(蠶室都會), 즉 국립 양잠소인 신잠실(新蠶室)이 있었다. 송파구 잠실에 있었던 동잠실(東蠶室)을 폐쇄하고 설치한 새로운 잠실이라는 의미였다. 이 지역은 경기도 시흥군 신동면 잠실리였는데 1963년에 서울로 편입되며 (당시는 성동구) 송파구 잠실과 같은 이름이라 잠원동으로 동명을 정했다. 잠원동 한신아파트에 가면 '잠실리 뽕나무'를 볼 수 있다. 서잠실(西蠶室)은 연세대학교 인근 연희동에 있었다.

27 「언주면을 시흥군에 면의(面議)서 편입 결의」, <조선일보>, 1952. 11. 21.

28 「언주면은 광주군 하에」, <조선일보>, 1953. 01. 31.

할 수 있다. 한편으로는 광복 후 잉걸불이 일었다가 5·16 군사 쿠데타 후 사그라든 지방자치제의 한 단면을 보여주는 사례이기도 하고.

지리적으로나 심리적으로도 가까운 두 지역은 1963년에 서울이 되었고 70년대에는 영동 혹은 강남이라는 지역으로 함께 묶이며 개발되었다. 강남대로는 강남 개발 과정 중 가장 먼저 생긴 도로였다. 과거 시흥군 신동면에서 서울시 영등포구로 편입된 지역은 영동1지구로, 과거 광주군 언주면에서 서울시 성동구로 편입된 지역은 영동2지구가 되었다. 1972년 두 지구 사이로 뚫린 길이 훗날 강남대로로 이름이 바뀐 '영동1로'였다.

영동의 두 지구는 1975년 강남구가 되었다가 1988년에 서초구가 분구했다. 이때부터 강남대로의 일부 구간은 강남구와 서초구 사이를 가르는 경계선이 되었다. 그런데 강남에는 지리적 경계선이 아닌 다른 개념의 경계선도 있다. 이 경계는 테헤란로를 중심으로 남북으로 나뉜다. 이른바 테남과 테북. 즉 테헤란로 남쪽과 북쪽으로 나뉜다. 테북은 청담동과 압구정동이 대표하고, 테남은 역삼동과 도곡동, 그리고 대치동이 대표한다. 이렇게 구분하는 시각에는 테북에는 가용자금이 풍족한 계층이 많이 살고, 테남에는 교육열이 높은 계층이 많이 산다는 인식이 작용한 걸로 보인다.[29]

---

29 연구모임 공간담화·도시사학회, 『서울은 기억이다』, 서해문집, 2023, 214쪽.

양재천을 두고 양남과 양북으로 나뉘기도 한다. 그런 양북 지역에는 도곡동과 대치동이 속하는데 테남과 지역이 겹친다. 나아가 양남 지역이 '강남의 강북'으로 불린다거나 대모산과 구룡산을 기준으로 산북과 산남으로 나눈다는 세태도 목격할 수 있다.[30]

이렇듯 강남에는 눈에 보이지 않는 경계선이 여러 군데에 그어졌다. 보이진 않지만 분명 구분되는 선이고 이를 기준으로 차별과 편견의 시각이 존재하는 것 또한 부정할 수 없다. 이로 미루어보면 강남에는 계층이 존재하는 것 같다. 강남이라도 다 같은 강남이 아니라는.

30 「"테북테남 양북양남 산북산남"⋯강남도 '계층' 나뉜다」, <헤럴드경제>, 2024. 09. 08.

[강남에 남은 전통 마을의 흔적   ]

역말과 독구리는 강남에 있던 전통 마을이다. 예스러웠던 두 마을을 지금은 볼 수 없지만 강남구의 동 이름으로 흔적이 남아 있다. 역말은 역삼동 이름의 유래가, 독구리는 도곡동 이름의 유래가 되었다. 두 마을 모두 강남구의 도곡1동에 있었다.

역말은 '역(驛)에 있는 마을'을 의미한다. 기차역의 역도 같은 한자를 쓰지만, 역말의 역은 말을 갈아탈 수 있는 역참(驛站)이라는 뜻이다. 과거에 말은 교통수단이면서 통신수단이기도 했다. 지방이나 한양으로 향하는 주요 길목마다 역참을 설치해 말을 관리했는데 그 주변에 있는 마을을 역말 혹은 역촌(驛村)이라 불렀다. 서울 은평구의 역촌동에도 과거 연서역(延曙驛)이라는 역참이 있었다.

도곡동에 있었던 역말은 양재역(良才驛) 인근에 있었던 마을이다. 양재역은 과거 남쪽 지방과 연결되는 길목에 자리했던 역참이다. 지하철 3호선과 신분당선의 환승역인 양재역과 한자까지 똑같은데 위치도 비슷했다고 한다. 양재역 11번 출구 근처에 역참이었던 양재역 표지석이 있다.

역말은 역삼동(驛三洞) 지명의 유래가 되기도 했다. 1914년 행정구역 개편 때 양재역 인근에 자리했던 말죽거리, 방아다리, 역말 등 세 마을을 합쳐 역삼리라고 동리 이름을 지었다. 역삼은 역 인근 세 개의 마을이라는 뜻이다.[31]

경기도 광주군 언주면 역삼리였던 행정구역은 1963년 1월 서울로 편입된 후 성동구청 언주출장소 역삼동이 되었다. 서울 편입 초기 역삼동은 행정동인 도곡동이 관할하는 법정동이었다가 1977년에 행정동이 되며 관할 구역을 조정했다. 역삼리의 세 마을 중 말죽거리는 지금의 양재역 일대를, 방아다리는 역삼초등학교 일대를, 역말은 도곡 1동사무소 일대를 일컫는다.[32] 그러고 보면 역말은 역삼동 이름의 유래였지만 지금은 도곡동에 속한다. 이들 세 마을 중 방아다리만 오늘날 역삼동에 속한다.

'양재역 터' 표지석. 서울 지하철 3호선 양재역 인근 대로변에 있다.

---

31 역말전통문화보존회, 『강남 역말도당제』, 보성, 2012, 45쪽.

32 위 책에는 방아다리가 두 마을이었다고 나온다. 역삼초등학교 일대가 아랫방아다리 즉 하방하교(下方下橋) 마을이었고, 국기원 일대가 웃방아다리 즉 상방하교(上方下橋) 마을이었다. 국기원 인근에 구획이 똑바르지 않은 필지들이 있는데 그곳이 웃방아다리였다.

독구리는 도곡동(道谷洞) 지명의 유래가 되었다. 지하철 3호선 매봉역 인근에 있었던 이 마을은 매봉산 산부리에 돌이 많이 박혀 있어 독부리라 부르던 게 변해 독구리 혹은 독골이 되어 도곡이라 이름 지었다고 각종 문헌에 소개되었다.[33] 그런데 내가 만나본 옛 독구리 주민들은 다른 결의 이야기를 들려주었다. 1942년생 이종대 어르신은 매봉산이 마을을 도가니처럼 포근히 감싼다는 의미에서 도가니 발음이 변형되어 독구리가 되었다는 이야기를 어렸을 적에 들었다고 했다. 다른 이는 매봉산이 마을을 포근히 감싸는 형국이라 목폴라 스웨터의 일본식 용어인 '도쿠리'처럼 감싸준다는 의미에서 딴 지명이라고 했다.[34]

독구리는 1914년 행정구역 개편 때 경기도 광주군 언주면 양재리가 되었고, 1963년 서울에 편입될 때 옛 이름의 유래를 좇아 도곡동이 되었다.[35] 『서초구지』에 이때 일화가 전해지는데 초대 동장으로 선출된 신동명 씨가 성동구청에 도곡동으로 신고해 이름이 그렇게 정해졌다고 한다.[36]

강남에 와본 적 없는 사람들이라도 역삼동과 도곡동의 이름을 들으면 떠오르는 풍경이 있을 것이다. 아파트 단지가 늘어선 전형적인 강남의 모습. 그런 두 동에는 이름조차 예스러운 전통

33 강남구, 『강남구지(江南區誌)』, 강남구청, 1993, 710쪽.
34 『강남구지』에 실린 독구리에 관한 설명은 한글학회가 1966년에 발간한 『지명총람 1 (서울편)』의 내용을 인용한 것이다. 문헌과 주민의 주장이 다른 지점이 있는데 조사와 연구가 필요하다.
35 1919년 지도에는 지금의 도곡동 일대가 언주면 양재리로 표기되어 있다.
36 강남구, 『강남구지』, 강남구청, 1993, 710쪽.

1972년 역말 일대 항공사진. 가운데 보이는 마을이 역말이고 오른쪽 아래에 보이는
마을이 독구리다. 사진 왼쪽의 도로는 강남대로, 하단이 지금의 양재역사거리다.
ⓒ국토지리정보원

1972년 독구리 일대 항
공사진. 사진 오른쪽 마
을이 독구리로 지금의
매봉역 부근이다.
ⓒ국토지리정보원

마을이 존재했었다.

　과거 항공사진을 보면 역말과 독구리의 마을 분위기를 느낄 수 있다. 1972년에 촬영한 항공사진을 보면 역말 주변으로 농경지가 넓게 펼쳐져 있다. 역말은 마을 한가운데의 농경지를 중심으로 Y자 모양으로 집들이 들어섰다. 역말 서쪽으로 운동장 세 개가 보이는데 지금의 은광여고와 은성중학교 그리고 언주초등학교다. 보통 그 지역의 중심지에 학교가 들어서기 마련인데 초등학교부터 고등학교까지 있던 이 일대가 언주면의 중심지였다.

　같은 해에 촬영한 다른 항공사진에서는 독구리의 모습이 잘 보인다. 북쪽의 매봉산이 마을을 둘러싼 형국이다. 그리고 독구리 남쪽으로는 탄천까지 농경지가 넓게 펼쳐져 있다. 이 농경지가 오늘날 개포럭키아파트·개포한신아파트·개포우성4차아파트 단지가 들어선 지역이다. 이들 단지 동쪽의 농경지에는 타워팰리스가 들어섰다. 이종대 어르신은 당시 이 일대 농경지 중 일부는 독구리 주민들이 채소를 재배하던 땅이었다고 회고했다.

　1978년 무렵 촬영한 항공사진을 보면 역말 주변으로 큰 변화가 보인다. 역말 북쪽의 역삼동에 주택 단지가 들어서 있고 더 멀리는 역삼동 아파트 단지가 들어서 있다. 내가 살던 개나리아파트도 보인다. 반면 독구리는 큰 변화가 보이지 않았다. 다만 마을 남쪽으로 남부순환로 공사가 진행되고 있는데 이즈음부터 독구리도 점차 개발의 바람이 솔솔 불게 되었을 것이다.

1978년 도곡동과 역삼동 일대 항공사진. 사진
아래의 마을이 독구리, 왼쪽의 마을이 역말이다.
사진 상단에 역삼동 주택 단지와 아파트 단지가
보인다. ⓒ국토지리정보원

중학교 1학년이었던 1979년에 난 말죽거리의 영동중학교에 다녔다. 학교는 양재역 2번 출구와 뱅뱅사거리 사이 주택가에 있었다. 행정구역으로는 서초동이었지만 말죽거리로 불렸다. 그 앞을 지나는 시내버스의 안내판에도 말죽거리라는 노선이 적혀 있었다.

그 시절 난 역말의 마을 안길을 지나다닌 기억이 있다. 하교 후 말죽거리에서 함께 놀던 친구가 은광여고 앞길이나 뱅뱅사거리로 돌아가지 말고 역말로 질러가라고 했기 때문이다. 꽤 여러 번 지나갔었는데 내가 살던 아파트나 역삼동에 새로 들어서던 주택 단지와 크게 달랐던 동네 분위기라 오래도록 기억에 남았다. 한마디로 농촌 마을을 지나는 느낌이었다.

매봉산에 올랐다가 독구리 쪽으로 내려가기도 했었다. 아직 강남세브란스병원이 생기기 전인 중학생 때 친구와 친구 아버지를 따라 매봉산 약수터에 갔었다. 아마도 길을 잘못 들어 독구리 쪽으로 간 거 같은데 첫인상은 역말처럼 농촌 마을 같다는 거였다.

어른이 되어 강남 이야기를 수집하면서 틈날 때마다 역말과 독구리 일대를 답사했다. 지금은 아파트 단지도 들어섰고 고급 빌라도 들어섰다. 그래도 예전 구획 모습이 남아 있는 곳이 있다. 바둑판 모양이 아닌 휘어진 형상으로. 전통 마을이 이곳에 있었단 흔적이기도 하다.

독구리는 경로당으로 흔적을 남겼다. 매봉역 인근 삼성아파트 입구의 상가 건물에 '독구리 경로당'이 있다. 이종대 어르신이 회장으로 있는 독구리 경로당에는 스물세 명의 옛 독구리 주민들이 회원으로 있다고 한다. 매달 두 번 이상은 함께 식사를 나누며 친목을 나눈다고.

역말이 있던 곳은 도곡동 경남아파트가 들어섰다. 가을이면 이곳에서 '역말 도당제'가 열린다. 과거 역말에 살았던 주민들이 주최하는 마을제인데 코로나로 한동안 열리지 않다가 2022년 11월 초에 다시 열렸다. 역말 출신 친구 소개로 도당제에 참석한 나는 역말 어르신들에게 역삼동과 도곡동의 과거에 대한 주옥같은 이야기들을 들을 수 있었다. 그때 들은 많은 이야기가 이 책에 담겼다.

도당제를 준비하고 진행하는 주최 측은 고령의 어르신들이다. 이들은 자녀 세대들이 마을의 전통을 이어갈 수 있을지 걱정했다. 걱정이 현실이 되어가는 걸까, 2023년에 관계자들만 모여서 도당제를 조촐하게 치렀다는데 2024년에는 건너뛰었다는 소식을 전해 들었다. 옛 강남의 전통이 사라져 가고 있다.

2022년에 열린 역말 도당제

독구리 경로당

[　　　　　교통의 요지 말죽거리　　　　　]

　　말죽거리는 한때 강남을 상징했다. 아직 영동 개발 계획이 나
오기 전 강남 지역을 일컫는 단어는 말죽거리였다. 진짜 말죽거
리인 양재동 일대는 물론 인근의 도곡동이나 서초동 일대도 외
지인들에게 말죽거리로 불렸다. 서울 강북 도심에 사는 사람들
에게 말죽거리는 그저 한강 건너에 있는 농촌 마을이었다.[37] 서
울이 아닌 다른 지역에 사는 사람들에게도 말죽거리는 귀에 익
은 이름이었을 것이다. 걷거나 말을 타고 서울과 지방을 오가던
시절 말죽거리는 서울 입성을 앞두고 쉬어가는 동네로 소문났었
으니까.

　　오늘날 말죽거리에 관한 영유권은 강남의 두 자치단체가 함
께 주장하는 듯하다. 강남구는 『강남구지(江南區誌)』 등의 기록을
근거로 양재역 일대에 말죽거리가 있었다고 이야기하고, 서초구
는 『서초구지(瑞草區誌)』 등을 근거로 양재동이 말죽거리였다고

37　손정목, 『서울 도시계획 이야기 3』, 한울, 2003, 153쪽.

이야기한다.

강남구 영역인 양재역 4번 출구 앞에는 말죽거리 표지석이 있다. 그쯤이 말죽거리였다는 의미에서일 것이다. 서초구 영역에도 말죽거리 표지석이 있다. 양재역 5번 출구 근처의 양재종합사회복지관 입구에 있다.

서초구 영역에서는 좀 더 다양한 말죽거리 표지를 볼 수 있다. 양재우체국과 양재시장이 있는 남부순환로356길 입구에 대문 모양의 말죽거리 팻말을 세웠고, 양재시장의 간판은 아예 '말죽거리양재시장'으로 표기되었다. 이 길을 걷다 보면 바닥에 말발굽 모양의 그림을 볼 수 있는데 말죽거리를 상징하는 이미지일 것이다. 강남대로의 행정법원 건너편의 양재동에도 말죽거리 안내판이 있다.

말죽거리라는 단어는 세 단어가 합쳐졌다. 말과 죽 그리고 거리. 말죽거리 관련 문헌을 보면 다양한 유래를 소개하지만, 말에게 죽을 쑤어 먹이던 동네라는 의미에서 나온 말인 건 확실해 보인다. 과거에 서울에서 남쪽 지방을 오가려면 한강을 건너야 했다. 만약 한남동의 한강진에서 강을 건넜다면 말죽거리를 지나야 했고, 반대로 지방에서 서울로 올 때 한강을 건너기 전 쉬어가는 동네가 말죽거리였다.

말죽거리에는 공무로 여행하는 관원들에게 말을 제공하는 양재역과 이들이 머물 수 있는 '사도감(四都監)'이 있었다. 양재역 1번 출구 근처의 '사도감 어린이공원' 안에는 사도감 표지석이 있다. 표지석 글귀에 사도감은 "옛날 사또들이 말죽거리를 거쳐 한양을 왕래할 때 머물던" 곳이라 새겨져 있다.

양재동 인근에는 사도감 말고도 관원들이 묵어갈 수 있는 숙박 시설인 원(院)이 여럿 있었다. 청계산 근처인 서초구 원지동(院趾洞)과 신원동(新院洞)이 그 흔적이다. 동 이름에 원이 있었다는 유래가 담겼는데 청계산 자락의 원터골도 같은 맥락이다. 그리고 백성들이 머무는 주막도 적지 않았다고 한다. 『서초구지』나 『강남구지』에는 말죽거리 인근의 역말이나 독구리에 주막이 있었다고 기록되어 있다.

말죽거리 남쪽에는 '게리마을'이 있었는데 말을 관리하는 마방이 있었다고 한다. 신분당선 '양재시민의숲역' 3번 출구 앞 게리마을 표지석에 그 이야기가 새겨져 있다. 1960년대까지 연내천의 잔디마을에 말 농장이 있었다고. 청계산쯤에서 발원해 양재천으로 흘러드는 여의천을 과거에 염곡천 혹은 연내천이라 불렀다.

과거 이 일대에 마방이 있었단 흔적은 또 있다. 양재시민의숲역 1번 출구 인근의 버스정류장과 여의천 사이의 녹지에는 '마방근린공원' 표지석이 놓였고, 양재천 남단 도로에는 '마방로'라는 이름이 붙었다. 말죽거리 주변에 말과 관련한 시설이 있었단 걸보여주는 사례다. 먼 길을 떠나 서울로 향하는 여행자들은 저녁무렵 말죽거리 부근에 도착했을 테고, 반대로 남쪽으로 떠나는 사람들은 한강 변까지 따라오는 전송객들과 헤어지면 저녁나절에 말죽거리 즈음에 도착했을 테다. 그런데 길가에 주막이 늘어서 있는 게 아닌가. 이들은 자연스럽게 자기를 태우고 온 말에게 죽을 쑤어 먹이도록 하고 자신도 주막에서 여장을 풀지 않았을

마방로 표지판. 양재천의 영동1교와
영동2교 사이의 남쪽 도로다.

까. 오늘날 고속도로를 달리다가 휴게소를 만나면 잠시 쉬어가는 거처럼. 아무튼 말죽거리는 여행의 중간 거점이며 교통의 요지였던 건 분명하다.

말죽거리가 있었던 오늘날의 양재역 일대 또한 교통의 요충지다. 양재역을 지나는 강남대로와 남부순환로에는 서울 여러 지역은 물론 경기도의 여러 도시까지 연결되는 버스가 운행하고 있다. 남부순환로는 경부고속도로 서초나들목과 연결돼 서울 방향이나 부산 방향으로 가는 수많은 차량이 이용하고 있다. 또한 양재역에는 지하철 3호선과 신분당선이 지나는데 경기도 용인과 성남에서 서울의 강남과 강북을 거쳐 경기도 북부까지 연결된다.

말죽거리 관련 문헌을 종합해 보면, 오늘날 양재동 일대가 말죽거리다. 그런데 이 지역의 과거 행정구역인 광주군 언주면과

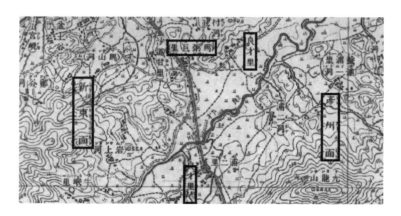

1919년 지도에 표기된 마죽거리. 언주면 양재리와 신동면 양재리 지명도 보인다. 지금의 양재역 주변이다. ⓒ국사편찬위원회

시흥군 신동면 모두에 양재리라는 지명이 있다. 국사편찬위원회의 '역사지리정보' 사이트에 게시된 1919년에 간행된 지도를 보면 언주면과 신동면의 양쪽 지역에 양재리가 표기된 걸 확인할 수 있다. 인접한 두 지역이 다른 행정구역에 속했었다가 서울로 편입되며 강남구로 합쳐진 후 두 양재리가 구역 조정 과정을 거쳐 하나의 양재동으로 탄생한 것으로 보인다.

같은 지도에서 '마죽거리(馬粥巨里)'라는 지명도 확인할 수 있다. 언주면의 양재리 서쪽 영역이다. 지금의 양재역 동쪽 약 200m 부근인데 당시에는 시흥군 신동면 경계와 마주한 지점이었다. 이 지도에는 지하철 양재역사거리를 중심으로 동쪽으로 200m 부근까지 신동면에 속한 것으로 나온다.

내가 만난 역말 사람들은 양재우체국 일대가 말죽거리라고 기억했다. 남부순환로356길 주변인데 1919년 지도에서 마죽거리로 표기된 지역이다. 그런데 70년대에 간행된 지도에는 역말 남쪽에 있는 마을이 말죽거리로 표기되어 있다. 역말 사람들은 그 동네를 '작은 말죽거리'라 불렀다고 한다.[38] 지금의 도곡동 쌍용예가 일대가 그곳으로 짐작된다. 아무튼, 정확히 어디부터 어디라고 좌표를 찍을 수는 없지만, 말죽거리는 양재동 일대에 있었던 건 확실하다.

1972년에 촬영한 항공사진을 보면 당시 말죽거리 일대 분위기를 엿볼 수 있다. 사진 가운데에 번화한 동네가 나오는데 지금

---

38 역말전통문화보존회, 『강남 역말도당제』, 보성, 2012, 45쪽.

1972년 말죽거리 일대 항공사진. 왼쪽의 도로는 강남대로, 삼거리는 지금의 양재역 사거리. 사진 중앙의 번화한 동네가 말죽거리로 도로 끊긴 지점 바로 아래가 오늘날 양재우체국이 있는 곳이다. ⓒ국토지리정보원

1979년 말죽거리 일대 항공사진. 중앙을 가로지르는 도로가 남부순환로이고, 위쪽의 산이 매봉산이다. ⓒ국토지리정보원

의 양재우체국 부근이다. 언주초등학교와 은광여고까지 저자가 이어지는 모양새가 같은 마을처럼 보인다. 오늘날에는 남부순환로로 단절된 데다 도로 북쪽은 강남구로 남쪽은 서초구로 나뉘었다. 하지만 저 때만 해도 한마을이었나 보다.

양재우체국 앞을 지나는 길은 과거에 남쪽 지방으로 연결되는 영남대로의 한 자락이었다. 저렇게 남쪽으로 가다가 청계산 옆을 지나 달래내고개를 넘어 충청도를 거쳐 부산까지 이어지는 길이었다.

내가 중학교 1학년이었던 1979년 항공사진을 보면 말죽거리 일대의 변화를 알 수 있다. 강남대로 주변으로 주택가가 빼곡해지고 양재우체국 주변도 복잡해졌다. 무엇보다 남부순환로 건설은 한 동네를 남북으로 갈라놓았다. 저 때는 아직 공사 중이라 말죽거리 주변만 가도 흙바람이 일던 게 기억난다. 이 구간의 남부순환로는 1981년 봄에 완공됐다. 그리고 도곡1동의 역말 주변으로 아파트 단지가 들어서기 시작했다. 중학교 1학년 때 하굣길에 말죽거리를 놀러 가곤 했었다. 지금은 낡아 보이는 건물인 양재시장은 그때만 해도 새 건물이었다. 건축대장을 보니 1978년에 준공된 건물이다. 지금의 '양재종합사회복지관' 자리는 당시 한옥 스타일의 건물이었는데 어린이집 같은 시설이 있었다.

몇 년 전 역말 사람을 만났을 때 그 자리가 신동면 면사무소였다고 들었다. 1970년대부터 80년대 역말 초입에는 서울시 농촌지도소가 있었는데 과거에 언주면 면사무소가 있던 자리라고

서초구의 남부순환로356길. 대문 모양의 말죽거리 입구.
양재우체국과 양재시장이 이어진다.

도 했다.[39] 현재는 도곡1동주민센터가 있는 자리다.

오늘날 말죽거리는 표지석과 간판 등으로 흔적을 확인할 수
있다. 특히 양재시장은 이름에 말죽거리를 넣어 '말죽거리양재시
장'이 되었다. 하지만 2025년 6월에 시장 건물을 헐고 새 건물을
지을 예정이다. 시장 지하에는 맛집으로 소문난 국숫집이 있다.
이 식당이 1층에 있던 2000년대부터 내 단골집이었다. 그리고 2
층에는 시장 건물과 역사를 함께한 목욕탕이 있었지만 2024년 5
월에 문을 닫았다.

1층에는 이 일대가 농촌이었음을 보여주는 종묘사가 있다.
80대 노부부가 운영하는데 가게를 시작한 지 50년이 넘었다고

---

39 농촌지도소는 서울시 농업기술센터가 되었고 2005년에 헌릉 인근으로 옮겼다.

한다. 시장 건물이 들어서기 전인 1972년에 인근의 '하꼬방' 같은 점포에서 종묘상을 시작했는데 1978년 시장 건물이 들어서자 입점했다고. 종묘사 사장님은 당시 말죽거리에는 난전 같은 시장 거리가 형성되었다고도 회고했다.

그리고 시장 건물 남쪽 입구에는 할머니들이 운영하는 실내 포차가 있다. 내가 여기에 처음 온 건 월드컵이 한창인 2002년 무렵이었다. 입구 한편에는 순대를 파는 할머니의 포차가, 다른 한편에는 생선튀김 등 실비 안주를 파는 할머니의 포차가 있었다. 20년 전에도 할머니라 불렀는데 더 할머니가 된 두 분이 여전히 운영하고 있었다. 2023년 가을까지만 해도.

지난 20여 년간 나는 매년 한두 번은 할머니 포차에 들르곤 했다. 그런데 2024년 9월 어느 낮에 들르니 한쪽 포차 구역이 비어 있었다. 혹시나 해 다른 포차가 문을 열 때까지 기다렸는데, 빈 포차 구역의 할머니가 5개월 전에 세상을 떠났단 소식을 듣게 되었다. 순대에 막걸리를 먹던 집이었다. 마주 보는 자리에서 나란히 포차를 운영하던 두 할머니는 무척 친했다. 가락동시장에서 함께 장을 보곤 했다고. 그런 실비집 할머니는 생선을 튀겨주며 상실감을 토로했다. 내년에 건물이 헐리면 장사를 관둘 거라며. 80살은 훌쩍 넘겼을 포차 할머니는 은퇴를 계획하고 있었다.

말죽거리를 지켜온 옛 공간들은 사라져가고 그곳을 기억하는 많은 이가 세상을 떠났다. 앞으로는 말죽거리를 남은 흔적이나 생존한 증인, 혹은 표지판이나 문헌 등을 통해 아는 이들만 남게 될 텐데, 그나마 남은 흔적과 증인도 사라져가고 있다.

'흐능날'을 아시나요

　'홍씨마을'과 '흐능날'은 무엇을 의미할까? 두 단어 모두 마을 이름이다. 그렇다면 어디에 있는 마을일까? 홍씨마을과 흐능날은 모두 서울 서초구 내곡동에 있는 마을이다.

　안골마을, 탑성마을, 염곡마을. 만약 서울 시내버스나 광역버스를 타고 헌릉로를 지나간 경험이 있다면 이들 마을의 이름을 들어봤을 것이다. 헌릉로 일대 버스정류장 이름이기 때문이다. 처음 들으면 아파트 단지 이름으로 여길 수도 있지만 강남 땅이 경기도였던 시절부터 내곡동 일원을 지켜온 전통 마을들 이름이다. 이들 마을은 위치한 동네의 특징으로 이름이 붙여졌다.

　안골마을은 내곡동(內谷洞) 동명의 유래가 된 마을이다. '안말'로도 불렸는데 지금의 서초구 신원동에 있는 '본촌(本村)'의 안쪽에 있다고 해서 붙은 지명이라고 한다.[40] 안골마을은 어느 전직

40　청계산 자락의 신원동은 과거 충청도와 경상도를 거쳐 부산까지 이어지는 영남대로가 지나는 경로에 있었다. 본촌(本村)은 신원동에서 가장 먼저 생긴 근본이 되는 마을이라는 의미에서 붙여진 지명이다. 그래서 근방의 중심지인 본촌을 기

대통령의 퇴임 후 거주지가 될 뻔하기도 했다.

탑성마을은 과거 탑골로 불렸는데 마을에 탑이 있어서 붙여진 지명이다. 현재는 재건축된 주택지가 되어 있다. 염곡마을은 염통골을 한자로 옮긴 이름으로 마을 형상이 염통을 닮았다는 데서 유래한 이름이다. 피난골로도 불렸는데 한국전쟁 때 아무런 피해가 없어서 그렇게 불렀다고 한다. 염곡동은 행정동인 내곡동이 관할하는 법정동이다.

말죽거리의 영동중학교에 다니던 시절 안골마을, 탑성마을, 염곡마을에 살던 동창들이 꽤 있었다. 졸업앨범에는 주소가 나와 있는데 이들 마을의 이름이 들어간 동창들 주소를 확인할 수 있다.

흐능날과 홍씨마을의 존재는 강남의 전통 마을들의 자료를 뒤지다가 알게 됐다. 다른 전통 마을들과는 성격이 다른 이름으로 내 호기심을 불러일으켰다. 무엇보다 '흐능날'이 무슨 뜻인지 궁금했다. 『서초구지』에는 "흐능날은 30여 호 정도의 주택이 헌인릉 입구와 주변에 형성되어 있는 마을로 이곳만 취락구조개선사업이 이루어지지 않아 옛 가옥대로 남아 있다."라는 단 한 문장의 설명만 나와 있다.[41] 정보가 너무 부족해 인터넷을 뒤져 봤다. 하지만 인터넷에 올라온 흐능날에 관한 정보는 거의 『서초구지』에 기록된 내용을 그대로 인용한 것이었다.

준으로 지금의 내곡동 일대를 안골로 불렀다. 전통 마을이었던 본마을이 현재 청계산 입구의 신원동에 있다.

41 서초구, 『서초구지(瑞草區誌)』, 서초구청, 1991, 148쪽.

1972년 헌인릉 일대 항공사진. 농경지 사이로
집이 드문드문 보인다. ⓒ국토지리정보원

흐능날 경로당

30여 주택이 있었다니 그 모습을 짐작해 보기 위해 항공사진을 검색했다. 『서초구지』가 작성된 1991년 항공사진을 보면 헌인릉 주변은 대형 비닐하우스로 가득하다. 오늘날 헌인릉[42] 주변에는 화훼농가가 많은데 항공사진을 보니 1980년대 초반부터 비닐하우스들이 보이기 시작한다.

그런데 1972년 항공사진에는 비닐하우스가 보이지 않고 농경지 사이로 농가들이 보인다. 이 동네가 흐능날이 아닐까, 이런 생각이 들었다. 무작정 헌인릉 일대를 찾아가 보았다. 항공사진에 나온 것처럼 꽃재배 농가가 설치한 대형 비닐하우스가 빽빽했다. 그러다 반가운 건물을 목격했다. '흐능날 경로당'이라 쓰인 간판이 걸린 가건물이 있었다. 경로당 간판 옆에는 '헌인 꽃단지 번영회'라는 간판도 함께 걸려 있었고.

경로당에는 60대에서 70대로 보이는 어르신들이 모여 있었다. 그들에게 흐능날이 무슨 뜻인지 물어보았다. 다들 모른다는 기색이었는데 한 노인이 "흐능날을 알고 있는 사람은 모두 세상을 떴지."라며 입을 뗐다. 자기는 예전에 들었지만 생각나지 않는다면서. 이들은 헌인 꽃단지에서 화훼농사에 종사한다고 했다.

이들 어르신에 따르면, 대략 1980년대 초반부터 헌인릉 일대에 꽃을 재배하는 비닐하우스가 들어서기 시작했다고 한다. 당

---

42 헌릉과 인릉. 헌릉은 조선 3대 태종과 원경왕후 민씨의 능이고, 인릉은 조선 23대 순조와 순원왕후 김씨의 능이다. 두 능을 합쳐 헌인릉으로 부른다. 서울특별시 서초구 내곡동에 있다.

시에 흐능날 주민은 숫자가 적기도 했고 나이가 많아 어느 순간 그 일대에서 찾아보기 힘들게 되었다고.

그럼 흐능날 경로당은 언제부터 있었냐 물어보니 의견이 분분했다. 90년대라거나 2000년대라거나 각자의 기억이 달랐다. 분명한 건 오래되었단 사실이다. 설립 당시에는 흐능날 출신이 더러 있었지만, 지금은 화훼농가 어르신들의 사랑방이 되었다고 한다.

어르신들은 당시 흐능날 선주민이 살았던 집 흔적이 몇 군데 남았다고 했다. 꽃 재배단지 일대를 돌아보니 비닐하우스가 아닌 오래된 주택이 몇 채 보이긴 했다. 다른 날 경로당을 찾았을 때 만난 한 어르신은 헌인릉 일대 농경지는 조선시대에 헌인릉을 관리하는 능지기들이 능 관리 비용 등을 대기 위한 농사짓던 왕가의 땅으로 알고 있다고 했다. 그런데 광복 후 농지개혁을 하며 헌인릉 일대가 농민들에게 불하되었고, 그런 과정에서 흐능날이라는 농촌 마을이 조성되지 않았을까, 그는 짐작했다.

헌인릉 관련 자료를 보니 조선시대에는 능 주변으로 민가가 들어설 수 없었다는 기록이 있다.[43] 이 어르신은 이런 이야기를 집안 어른들에게 들었다고 했다. 그의 집안은 서초동이 '서릿벌'이나 '서리풀'로 불리던 아주 오래전부터 살아온 토박이로 지역 역사에 관심이 많은 집안이라고 덧붙였다. 그런 그도 흐능날의 뜻은 모른다고 했다.

---

43 서초구, 『서초구지』, 서초구청, 1991, 148쪽.

나는 혹시 흐능날을 아는 사람이 있는지 페이스북에 수소문해 보았다. 다양한 추리가 있었지만 '흐능'이 혹시 '헌릉'이 아닐까, 하는 제보가 눈에 띄었다. 흐능으로 검색해 보니 오래전 신문에 헌릉을 흐능이라 쓴 기사가 있었다.[44] 임업시험장의 거목들이 도벌되어 숯으로 팔리고 있는데 도벌꾼을 단속해 엄벌에 처할 거라는 취지의 기사였다.

여기서 광릉과 함께 흐능이 언급되었다. 오늘날 헌인릉 인근에 '서울시 농업기술센터'가 있는데 과거에는 임업시험장이 있었나 보다. 만약 흐능이 헌릉이라면 날은 말, 즉 마을을 뜻하는 건 아닐까, 하는 생각이 들었다. 자료들을 다시 뒤져보니 내가 놓친 대목이 있었다. 위키백과의 내곡동을 설명하는 항목에서 '헌능말'이라는 지명이 그제야 보였다. "작고개와 헌인릉 사이 내곡동에 헌능말이 있다."

내게 도시 탐사의 흥미를 갖게 한 도시문헌학자 김시덕 박사의 '한국 도시 아카이브' 시리즈에는 세월이 흐르며 지명이 바뀌어 버리는 사례를 소개한다. 증언자의 기억이 희미해 잘못 전해지거나 아예 지명 자체를 잘못 기재한 이유 등으로. 하지만 이런 과정들이 밝혀지지 않은 채 "사람들의 사연은 잊혀져 간다."라며 김시덕 박사는 안타까워했다.[45] 흐능날도 마찬가지가 아니었을까. 어쩌면 '헌능말'이었는데 세월이 흐르며 '흐능날'로 굳어진.

---

44 「도벌 강력 단속」, <조선일보>, 1951. 07. 28.
45 김시덕, 『한국 문명의 최전선』, 열린책들, 2024, 447-452쪽.

물론 내 추측에 지나지 않지만.[46]

    홍씨마을은 말 그대로 홍가 성을 가진 사람들이 모여 산 집성촌이다. 서울특별시 어린이병원 안쪽에 있다. 대로변에는 능안마을이 있는데 헌인릉 안쪽에 있는 마을이라는 의미다. 능안마을을 지나면 '홍씨마을 어린이공원'이 나온다. 홍씨마을의 시작이다. 어린이공원 옆에는 '홍씨마을 경로당'도 있다.『서초구지』에 홍씨마을은 주민 대부분이 농업에 종사하는 농촌이라고 나와 있는데 지금은 교외의 고급 주택가처럼 보인다.

---

46 신원동의 본마을 경로당 회장인 김호태 어르신은 언주면을 '은주면'에 가깝게 발음했다. 본마을에서 13대째 살고 있는 집안에서 태어난 그는 옛 언주면 토박이들이 '어' 발음을 '으'를 강하게 내뱉듯 발음한다고 했다. 아마도 이 지역 방언으로 보인다. 이런 관점에서, 헌능이 흐능으로 들려 누군가 그렇게 받아적었는데 결국 그렇게 굳어진 게 아닐까, 하고 추측을 해본다.

그런데 홍씨마을을 답사하다가 지은 지 오래돼 보이는 집 한 채를 발견했다. 위에서 내려다보면 ㅁ자 모양의 전형적인 개량 한옥 형태였다. 문패가 달려 있는데 '홍'으로 시작하는 이름이다. 마침 열린 문으로 사람이 보여서 몇 가지 물어봤다. 문패에 적힌 이름의 어르신은 이미 세상을 떠났고 마을에 열 가구 정도 홍씨 일가가 살고 있다고 했다. 마을을 돌아보니 '홍'으로 시작하는 문패가 달린 집이 몇 곳 더 있었다.

홍씨마을 관련해 자료를 찾아보니 강남구 세곡동의 은곡마을에도 홍가 집성촌이 있었다. 내곡동 홍씨마을은 그곳에서 분파한 일가로 보인다. 세곡동도 내곡동처럼 농촌 마을이 도시화가 진행되어 예전 모습을 찾아보기 힘들어 보였다.

오늘날 홍씨마을 인근에는 아파트 단지가 들어섰다. 아파트 단지와 홍씨마을 사이 도로에는 플래카드가 붙어 있었다. 그린벨트를 비판하는 내용이었다. 그러고 보니 홍씨마을을 답사할 때 마을 여러 곳에서 개발제한구역이라 쓰인 팻말을 볼 수 있었다.

전통 마을이었던 안골마을과 홍씨마을이 아직 주택가로 존재할 수 있는 건 그 주변이 '개발제한구역', 그러니까 '그린벨트'여서 그런 건 아니었을까. 그나마 강남 일대에 녹지가 남아 있을 수 있었던 이유이기도 하다. 그런데 2024년 늦가을, 내곡동 등 이른바 '서리풀 지구'가 개발제한구역에서 풀릴 거라는 소식이 들린다. 그렇게라도 남아 있던 녹지가 사라져 갈지도 모른다는 소식이었다.

[강남의 국민학생들은 왜 등교를 거부했나]

　'니 어디 사노?' 하고 물어보길 즐기던 교사가 있었다. 말죽거리의 영동중학교에 입학한 1979년 1학기 초였다. 이 선생은 자기 질문에 답을 하지 못하는 학생들에게 이같이 물었는데, 개나리아파트요, 혹은 현대아파트요, 하는 아이에게는 공부 좀 하라며 넘어갔지만, 염곡동 등 말죽거리 남쪽 동네 이름을 대는 아이에게는 '니 아버지 농사지으시지 않나?' 하고 되묻곤 했다. 힘들게 농사지으며 뒷바라지하는데 더욱 열심히 공부해야 하지 않겠느냐는 의미였다.

　그런데 내곡동에 산다고 대답하는 아이에게는 다른 결의 질문을 던졌다. '니 혹시 헌인마을에 사나?' 이 질문을 들은 아이들은 대개 화들짝 놀라면서 아니라고 부정했다. 그냥 교실에서 일어날 법한 상황이었지만 내게는 뭔가를 떠올리게 하는 방아쇠였다. 어릴 적 내 짝이 헌인마을에 살았으니까.

　1969년 3월 강남의 한 국민학교에서 등교 거부가 벌어졌다. 지금은 강남구이지만 당시는 성동구였던 세곡동의 대왕국민학교에서 벌어진 일이었다. 국민학생들이 등교를 거부한 건 '미감아'들의 입학을 반대했기 때문이다.

'미감아(未感兒)'의 사전적 의미는 "병 따위에 아직 감염되지 아니한 아이"를 말한다. 여기서 '병'은 한센병을 의미한다. 과거 우리나라에서는 한센병 부모에

대왕초등학교 등교 거부를 다룬 <조선일보> 기사. 「부형들이 막은 등교에 울며 돌아간 미감아」

게서 태어난 자녀들을 미감아라고 불렀다. 한센병 부모를 두었지만, '아직'은 감염되지 않았다는 의미가 담긴 것이었다. 한편으로는 여느 어린이와 다르다는 낙인이기도 했다. 차별과 배제의 빌미를 준.

전국 곳곳에는 '음성나환자촌'이 있다. 한센병에서 치유된 사람들이 정착한 마을이다. 미국인 후원자 이름을 딴 '에틴저 마을'로도 불렸던 서초구 내곡동의 '헌인마을'도 그중 한 곳이었다. 헌인마을 주민들은 1963년 국립 부평나병원에서 퇴소한 음성나환자들과 이들의 가족들이었다.

가족에는 아이도 있기 마련이다. 1969년 '에틴저 마을'의 학령기 아동들이 인근 대왕국민학교에 입학하게 되자 기존 학부모들이 이를 반대하며 들고 일어났다. 하지만 이들의 요구는 관철되지 않았고 학부모들은 자녀들을 학교에 보내지 않는 강수로

받아쳤다.

지역사회의 우려에 보건사회부가 나서 미감아는 한센병 전염 우려가 없다고 발표했고, 사회 지도층 인사들도 직접 설득에 나서기도 했다. 그런데도 학부모들의 반대는 거세기만 했다. 이에 당시 문교부 장관은 자기 딸을 대왕국민학교에 전학시키기까지 했다.[47] 전염 위험이 없다는 것을 직접 보여주려는 의도였다.

결국 에틴저 마을 아이들은 대왕국민학교에 입학하지 못했다. 대신 교육 당국은 새로운 학교를 설립해 미감아와 미감아 아닌 아동들을 함께 교육하기로 했다. 이때 손을 든 곳이 도봉구(지금은 강북구) 수유동의 한국신학대학교, 즉 한신대학교였고 신설된 학교가 한신국민학교였다. 한국신학대학교 병설 한신국민학교가 설립된 1969년에는 헌인마을 아이들만 다녔지만 1970년 1학기부터는 도봉구에 사는 아이들과 통합 교육이 이뤄졌다.

수유동에서 태어나고 자랐던 나는 1973년에 한신국민학교에 입학했다. 그런데 입학식 때 눈에 띄는 아이들이 있었다. 햇볕에 탄 거친 피부에 짧은 머리의 아이들. 같은 교복을 입었어도 머리 모양과 피부 톤이 달라서 눈에 띄었을 것이다. 그중 한 여자아이가 내 짝이 되었다. 똑단발을 한 아이였다.

그 아이는 아침 일찍 같은 동네에 사는 친구들, 그리고 언니 오빠들과 함께 스쿨버스를 탄다고 했다. 그렇게 한참을 달려 한강을 건너고, 또 한참을 달려서 학교에 온다고 했다. 수유동에

---

47 「우리 아이도 대왕교에 보내겠어요」, <조선일보>, 1969. 05. 15.

살던 나도 스쿨버스를 타고 등하교했다. 하지만 어느 날 스쿨버스를 기다리며 친구와 놀던 난 머리를 다쳐 입원했다. 퇴원 후 머리에 붕대를 칭칭 두르고 학교에 갔는데 내 짝이 울면서 날 위로했다. 얼마나 아팠느냐며. 어린 마음에 난 감동을 받았는데 그 아이와의 인연은 거기까지였다. 1학년을 마친 나는 1974년 초 서교동으로 이사했고 1976년 말에는 강남으로 이주했다. 사고 때문에 내 머리에는 검지 두 마디 크기의 흉터가 생겼는데 이 자리에는 머리카락이 나지 않는다. 그래서 머리카락을 자를 때 흉터가 보이면 그 아이 모습도 함께 떠오르곤 했다. 내 머리의 상처에 마음 아파하던 그 장면이. 어른이 된 지금도.

이 아이가 내곡동의 헌인마을에 살았다는 건 어린이잡지 덕분에 알게 되었다. 국민학생 시절 난 매달 『어깨동무』나 『새소년』 혹은 『소년중앙』 같은 잡지를 구독했는데 거기에 헌인마을 아이들 소식이 실렸다. 어느 잡지였는지는 기억나지 않지만 내곡동의 헌인마을 어린이들이 수유동의 한신국민학교에 다니는 사연에 반가워했던 게 생각난다. 낯익은 스쿨버스 사진과 낯익은 교복을 입은 아이들 사진은 물론 이 아이들이 사는 마을의 사연도 함께 소개된 기사였다.

그래서 국민학교 1학년 시절 내 짝이 미감아로 불렸다는 걸 알게 되었다. 그렇게 내곡동의 '헌인마을'이라는 이름이 내 기억 서랍 속에 저장되었다. 이런 기억 덕분에 중학생 시절 교실에서 오간 대화가 의미하는 바를 알았을 것이다. 그 교사가 한 질문은 "혹시 네 부모가 음성나환자냐?"라는, 그러니까 "네가 미감아냐?"라는 질문이었다.

   음성나환자 정착촌은 대개 도시의 외곽에 있었다. 에틴저 마을로 불렸던 헌인마을도 서울의 끝자락이었다. 지금도 헌인마을 앞 도로인 헌릉로로 조금만 더 가면 경기도 땅이다. 과거 우리나라에서는 한센인과 한센병에서 치유된 이들은 통제된 곳에서 살아야 했다. 일종의 강제 수용소였다. 그러다 법이 바뀌어 1963년경부터는 이른바 '음성나환자촌'과 같은 특수지역으로 분류된 농장으로 이주시켜 "농업이나 축산업"에 종사하게 했다.[48]
   음성나환자촌에 관한 연구 문헌을 종합하면, 1980년대 초반까지만 해도 한센인 축산단지가 국가 축산업의 상당 부분을 차지했었다고 한다. 그 사례 중 하나가 에틴저 마을로 불리기도 했던 헌인마을이다. 에틴저 마을의 주업은 양계업이었던 것으로 보인다. 1975년에 나온 기사를 참조하면, 당시 헌인마을은 닭 25만 마리를 기르는 서울에서 가장 규모가 큰 양계마을이었다.[49] 헌인마을 건너편에 있는 '흐능날 경로당'에서 만난 어르신들은 헌인마을에서 달걀을 구매한 적 있다고 했다. 이들은 양계장을 하던 음성나환자들을 기억하고 있었다.
   양계나 양돈이 주업이었던 헌인마을은 세월이 흐르며 가구를 만드는 공장 지대로 변했다. 도시 인근 축산업에 규제가 많아지

48 김려실, 「1970년대 생명정치와 한센병 관리정책」, 『상허학보』 48집, 상허학회, 2016, 272쪽.
49 「서울의 농촌 (2) 내곡동 양계마을」, <동아일보>, 1975. 11. 08.

1979년 헌인마을 일대 항공사진. 축사로 보이는 건축물이 촘촘히 들어섰다.
ⓒ국토지리정보원

2022년 헌인마을 전경. 과거 축사로 쓰인 건물 등이 남아 있었다.

자, 축사를 영세한 가구 공장에 임대하게 된 것이었다.

2020년부터 2023년에 틈날 때마다 헌인마을에 가보곤 했다. 옛 에틴저 마을은 쇠락한 가구단지처럼 보였다. 재개발을 추진하는 사무실과 예전엔 축사였을 가구 공장들이 한데 모여 있었다. 에틴저 마을의 역사를 목격해 왔을 교회도 기념비와 함께 자리를 지키고 있었다.

도봉구 쌍문동으로 이전한 한신초등학교에도 가봤다. 한신초등학교 관계자에 따르면, 1991년에 마지막 미감아 학생이 졸업했다고 한다. 20년 넘는 세월 동안 헌인마을 아이들은 강남 끄트머리에 있는 집에서부터 강북 끄트머리에 있는 학교까지 그 먼 거리를 다녀야 했다.

50년 전 초등학교 학생들의 등교 거부는 자기와 다른 것을 분리하고 배제하고 싶어 하는 어른들의 의지가 담긴, 어쩌면 우리 사회의 한 단면이 만든 광경일지도 모른다. 중학생 시절 내곡동 친구들이 헌인마을에 사냐는 질문에 정색하며 부정했던 건 이 마을의 배제되고 차별당한 역사를 알고 있어서일지도 모르고.

만약 한신국민학교를 졸업한 남자아이들이 내곡동에 계속 살았다면 어쩌면 영동중학교에 다녔을지도 모른다. 그랬다면 나와 중학교 동창이었을 텐데. 물론 모르는 체해 주길 바랐을지도 모르지만.

[　　　내몰린 자들의 터전이었던 강남　　]

　이주민의 고장. 강남에 어울리는 표현이다. 아파트 단지가 늘어나던 1970년대와 80년대만 하더라도 강남은 서울 전역은 물론 전국 곳곳에서 이주해 온 사람들이 사는 지역이라는 성격이 짙었다. 그런데 강남이 개발되기 전에도 이주민들이 정착해 살던 마을들이 있었다. 지금도 흔적을 확인할 수 있는 이 마을들은 주로 헌릉로 주변의 내곡동에 들어섰다.

　아마도 헌인마을이 가장 많이 알려졌을 것이다. 미감아 관련한 앞의 글에서도 소개했듯 헌인마을 주민들은 1963년부터 내곡동에 정착했다. 강제 수용됐던 음성나환자들이 관련 법 개정으로 수용소, 즉 나병원을 퇴원해 정착한 곳이 헌인릉 건너 지금의 헌인마을 일대였다.

　당시 내곡동은 경기도 광주군에서 막 서울시 성동구로 편입된 지역이었다. 서울의 끝자락이었고 그만큼 변방이었다. 음성나환자 정착촌이 들어설 만한. 그런 헌인마을은 지난 수십 년간 재개발 소문이 자자했었다. 다만 개발 관련한 규제와 보상 문제로 한동안 지지부진했었다. 그러던 2023년 재개발 확정 소식이 들리더니 2024년 5월 말 철거 소식이 들렸다. 확정되고 철거하기까지 시간이 걸릴 거라 생각했는데 전격적으로 진행됐다.

2024년 6월 초 헌인마을에 가 보니 다 헐리고 헌인교회 건물만 남아 있었다. 하지만 내가 방문한 얼마 후 교회마저 싹 헐렸고, 2024년 10월에는 터 다지기 공사가 진행되고 있었다. 헐린 헌인교회 앞에는 '에틴저 마을' 기념비가 있었다. 미국인 후원자의 이름을 딴 헌인마을의 원래 이름이 새겨지고 마을의 역사를 목격해 온 기념비였다. 이 기념비는 어떻게 되었을까? 교회 잔해와 함께 건축폐기물로 버려졌을까, 아니면 누군가 보관하고 있을까.

강남에 정착한 이주민 마을의 원조는 아마도 '신흥마을'일 것이다. 헌인마을의 이웃 동네다. 사실 전국에는 신흥마을이라는 이름의 동네가 꽤 있다. 그런 신흥마을에는 공통점이 있다. 대부분 광복 후나 한국전쟁 후에 월남민이 정착한 마을이다. 그래서 새로 들어선 마을이라는 의미가 붙었다.[50]

『서초구지』의 기록을 참고하면, 광복 무렵 월남한 김홍담 씨가 신흥마을을 개척하고 돼지를 키우기 시작한 것으로 보인다. 그러다 1972년경 새마을지도자 김현용 씨가 양돈업을 전문적으로 도입했는데 1983년경에는 신흥마을 41가구 중 22가구가 돼

---

50 도시문헌학자 김시덕은 그의 저서들에서 '새말', '새마을', '신촌(新村)' 등 '새롭다'라는 의미가 들어간 지명은 외지인들이 어떤 지역에 들어가서 개척하고 형성한 마을일 경우가 높다고 주장했다. 신흥마을도 마찬가지다.

재개발 공사 중인 헌인마을 일대. 2024년 10월의 모습이다.

1973년 서초구 내곡동의 신흥마을. 축산단지 조성 기공식에 참가한
양택식 서울시장과 일행들. ⓒ서울역사박물관

지를 길렀다고 한다.[51] 게다가 신흥마을은 우리나라 최초로 케이지(Cage) 양돈법을 도입한, 서울에서 가장 규모가 큰 양돈 마을이었다고.[52]

공교롭게도 영동중학교 동창 중에 김현용 씨의 조카가 있었다. 영동시장 먹자골목에서 40년 전통의 유명 삼겹살집을 운영하는 A가 바로 그다. 그의 아버지가 김현용 씨와 형제이고 그의 가족도 신흥마을에 살며 돼지를 길렀다고 한다. 그러다 부모님이 1980년 영동시장 인근에 지금의 식당을 냈다.

A는 그가 살았던 1970년대 중후반 신흥마을에 월남민이 없었다고 기억했다. 광복 후 30년 정도 흐른 시점이었으니 많은 변화가 있었던 것으로 짐작된다. 『서초구지』의 신흥마을 설명을 그대로 받아 적은 인터넷 정보만 본다면 아직도 신흥마을에 월남민이 살고 있다고 여기지 않을까. 나도 그럴 거라고 오해하고 있었다.

1979년 항공사진을 보니 신흥마을에는 축사로 보이는 건물들이 마을 곳곳에 흩어져 있고, 이웃 동네인 헌인마을에는 축사로 보이는 건물들이 촘촘하게 붙어 있다. 헌인마을은 서울에서 가장 규모가 큰 양계마을이었다.

신흥마을의 흔적은 오늘날 길 이름으로 남았다. '신흥말길'과 '신흥안길'. 헌릉로에서 신흥말길로 들어서면 도로 양쪽으로 농장 간판이 계속 나타난다. 가축을 키우는 농장은 아닌 거 같다. 신흥

---

51 『서초구지(瑞草區誌)』, 서초구청, 1991, 148쪽.
52 「서울의 농촌, 내곡동 양돈 마을」, <동아일보>, 1975. 11. 11.

신흥마을의 마을버스 정류장

말길에는 강남역·양재역 등 강남대로 일대와 연결되는 마을버스 정류장들이 있어 이 지역이 강남에 속한다는 걸 보여준다.

세곡천으로 흘러가는 하천에 놓인 신흥교 앞에는 구멍가게가 있다. 가게 주인은 신흥마을에서 오래 산 주민이 있지만 고령이라 별로 나다니지 않는다고 했다. 가게 인근의 신흥마을 경로당에는 갈 때마다 아무도 없었다.

신흥말길을 계속 따라가면 군인아파트가 나오는데 2024년 9월 당시 리모델링 중으로 보였다. 아파트 인근의 군부대를 지나며 신흥말길은 좁아졌고 농장 간판이 보이는 길이 계속 이어졌다. 신흥교 앞에서 갈라지는 신흥안길도 좁은 길 양옆으로 농장이 계속 나왔다. 지방의 여느 농촌 마을로 보이는 풍경이 이어졌다. 여기는 서울특별시 서초구 내곡동이다.

헌릉로의 서울특별시 어린이병원 건너편에는 '샘마을'이 있다. 샘마을은 서울의 철거민들이 정착한 동네인데 1972년에 종로구 와룡동 철거민들이 집단으로 이주해 형성되었다.[53] 와룡동은 창덕궁과 창경궁 영역이다. 과거 창덕궁과 창경궁 담장 옆은 물론 종묘 담장 옆에도 무허가 주택이 쭉 늘어서 있었다. 궁궐 시설이 이런 지경이었을 정도로 도심 곳곳에는 무허가 판자촌이 많았다. 그래서 불량주택 정비라는 명목으로 곳곳의 판자촌을 철거했고 그곳에 사는 주민들을 다른 곳으로 이주시켰다. 주로 서울 외곽으로 보냈는데 샘마을이 자리한 내곡동도 그런 곳 중 하나였다.

헌릉로의 샘마을 입구에는 '샘마을'이라 쓰인 표지석이 있고, 조금만 들어가면 '샘마을 경로당'이 나온다. 마침 어르신 두 분이 있어 혹시 샘마을 이름의 유래를 아시느냐 물었다. 관련 자료에는 샘마을이라는 이름의 유래가 나오지 않아 궁금하던 차였다.

70대로 보이는 한 어르신은 자기도 궁금해 자료를 뒤져보았지만, 별다른 설명을 찾지 못했다고 했다. 다만 이 동네에 물이 많아서 샘마을이라 하지 않았겠느냐며 조심스레 의견을 밝혔다. 2002년에 샘마을로 이사한 그는 장마철이면 집이 물 위에 떠 있는 느낌이라고 했다. 그래서 이 어르신의 집에는 양수기 세 대가 있는데 그 정도로 물이 많이 차오를 때가 흔하다고. 샘

53 서초구, 『서초구지』, 서초구청, 1991, 148쪽.

샘마을 입구의 표지석

마을에 물이 많다는 걸 보여주는 전설도 있다고 그는 덧붙였다.
조선 초 샘마을 인근에 세종과 소헌왕후의 묘가 있었는데 여주
의 영릉으로 이장하기 위해 파묘를 해 보니 물이 차 있었다고
한다.[54]

　샘마을 이름의 공인된 유래를 알 수는 없었지만, 주민의 경험
에 의한 해석을 들으니 이 동네에 물이 많아서 자연스럽게 샘마
을이 된 거 같긴 했다. 산에서 흘러내리는 작은 하천이 곳곳에 보
였다. 경사지고 구불구불한 동네 구획도 과거 물길의 흔적일 수
도 있다.

---

54 영릉 관련 자료를 보면, 내곡동에 최초로 조성한 영릉의 터가 나빠 후손들이 화
　를 당할 거라고 지관이 경고했다는 내용이 나온다. 결과적으로 세종의 아들인
　문종이 일찍 죽고 단종이 비극적인 화를 당했다. 세조의 아들인 의경세자와 인
　성대군도 요절했다. 이에 예종이 세종의 영릉을 여주로 이장했다.

그런데 샘마을에 최초로 거주한 철거민들은 어떻게 되었을까? 경로당에서 만난 어르신들은 그들을 보지 못했다고 했다. 이리저리 수소문하다가 1980년에 샘마을로 이주했다가 지금은 다른 지역에서 거주하는 어르신들을 소개받을 수 있었다. 박재원(86)·이경자(81) 부부가 그들인데 박재원 씨는 고등학교 동창 다섯 가족과 함께 이곳으로 이주했다고 한다.

샘마을에서 살게 된 배경을 물었는데 부부는 "딱지를 샀다."라고 표현했다. 아마도 정부에서 철거민들에게 땅을 불하한 모양인데 이 권리를 샀다는 의미 같았다. 1980년경 부부의 동창을 포함해 열다섯 가구 정도가 동시에 이주해 왔다고도 기억했다. "완전히 시골이어서 아무런 생활 편의시설이 없었다."라면서 적응하지 못하고 떠난 이들도 있었다고 했다. 마을 입구에 정육점과 식료품 가게가 있었지만 장보기에는 턱없이 부족했다고. 샘마을 선주민인 철거민들을 기억하냐고도 물었는데 당시 농사짓던 원주민이 네댓 가구 정도 있었다고 당시를 회고했다.

다만 이들이 철거민 출신인지는 확실하지 않다. 철거민 자료를 종합하면, 철거 후 서울 외곽으로 이주당한 이들은 다시 서울 도심으로 되돌아갈 수밖에 없었는데 이는 일자리를 얻기 위해서였다. 일용직으로 하루 벌어 하루 먹고 사는 이들에게 농사는 너무 먼 미래에 그것도 수확이 불확실한 소출일 뿐이었다고.

그래서 샘마을에 던져진 철거민들은 정부로부터 불하받은 땅의 권리를 외지인에게 팔아버리고 떠나지 않았을까, 이런 짐작을 해본다. 오늘날 샘마을 일대를 돌아보면 여느 교외의 고급 주택가처럼 보인다. 한때 철거민이 와서 살았던 동네라는 생각은 들지 않는다. 그런 샘마을은 물론이고 인근의 신흥마을과 헌인마을은 중심부로부터 내던져진 이방인들이 어쩔 수 없이 정착해야 했던 강남땅의 역사를 목격해 온 증인인 거 같다. 그나마도 그러했던 과거와 흔적이 희석되고 있지만.

[서울의 낙도, 강남   ]

강남구 대치동 학원가의 과거 모습은 농촌 그 자체였다. 대치동뿐 아니라 강남 일대에는 강북 도심에 채소와 과일 등을 공급하는 농경지가 펼쳐져 있었다. 강남 개발이 한창이던 1970년대 중후반까지도 그랬다.

농촌 강남이 서울로 편입된 건 1963년 1월 1일부터였다. 그렇다면 특별한 도시 서울에 속하게 된 강남 주민들은 특별한 시민이 되었다고 자부심을 느꼈을까? 아마도 아닌 거 같다. 서울이 된 지 10년이 지난 뒤에도 바뀐 거라곤 도민증에서 시민증으로 신분증이 교체된 거밖에 없다고 느끼는 이들이 많았던 거 같다.[55] 그래서 특별시가 아니라 '보통시'에 산다고 자조하는 이들도 있었다.[56]

이러한 분위기는 1970년대 신문 기사에 잘 나타난다. 그렇다면 1960년대는 어떠했을까? 그때는 서울의 중심지인 강북에서

55 「서울의 낙도 영등포 편입 지구」, <조선일보>, 1971. 07. 11.
56 「새서울 영동 파노라마」, <조선일보>, 1972. 12. 09.

강남으로 가려면 시내버스보다 나룻배를 타는 게 더 편했던 시절이었다. 그래서 강남 지역을 '서울의 낙도'로 묘사하는 신문 기사들을 볼 수 있다. 강남에 얽힌 이야기를 수집하는 내게 과거 신문 기사 검색 서비스는 보물 지도나 마찬가지다. 흥미로운 기사를 찾게 되면 숨겨진 보물 창고를 찾았단 기분이 드는데 압구정동을 빈민촌으로 소개한 기사가 그랬다.[57]

이 기사를 참고하면, 1964년 11월 한국부인회 회원들은 압구정동 빈민촌의 환자 150여 명에게 치료의 손길을 펼쳤다. 한국부인회는 무의촌과 빈민촌을 찾아다니며 봉사하는 단체인데 이날 압구정동 주민들에게 의료 지원은 물론 쌀과 의류 등도 전해주었다고 기사에 나온다.

빈민촌이라니. 오늘날 강남구 압구정동의 모습을 생각하면 상상이 가지 않는다. 그러고 보면, 1970년대 말과 80년대 초만 하더라도 압구정동 현대백화점 일대는 농촌 같은 풍경이긴 했다. 이 시기 난 중학생이었고 스무 살 위 형과 그의 가족은 압구정현대아파트에 살았다. 당시 역삼동 개나리아파트에 살던 난 형네 집에 갈 때마다 11번 버스를 탔다. 이 버스를 타고 학동의 주택단지를 지나 압구정동 현대아파트쯤에 닿으면 단지 주변으로 배나무 과수원이 보였다. 형네 집 앞 정류장 바로 앞에도 과수원이 있었다. 이들 과수원과 그 일대는 1980년대 초반부터 차츰 아파트 단지와 백화점으로 변해갔다.

---

57 「압구정동에 인술 봉사」, <조선일보>, 1964. 11. 22.

서울의 도시개발 역사와 관련한 문헌을 보면 항상 인용되는 선행연구가 있다. 손정목(1928~2016) 전 서울시립대학교 도시행정과 교수의 논문과 저서들이다. 그는 1960년대와 70년대에 서울시 고위공무원을 지내며 서울의 도시개발 과정에 참여하거나 지켜봤다. 그리고 이 과정들을 기록해 다양한 문헌으로 남겼다. 도시개발에 관한 각종 자료는 물론 실무진 인터뷰가 함께 담긴 그의 문헌들은 서울의 도시개발 과정을 연구하는 이들이라면 반드시 접해야 할 선행연구 자료다. 그런 손정목 교수의 저서에 아직 개발되기 전 강남의 생활상을 짐작하게 하는 대목이 담겼다. 전기와 전화 가설에 관한 언급인데 한남대교 건설과 관련 깊다.

제3한강교, 즉 한남대교는 1966년 1월 19일에 착공돼 1969년 12월 29일에 준공됐다. 한남대교 건설은 현대건설이 맡았는데 강남 쪽 현장사무소에 설치된 10kW 발전기가 최초로 강남 지역에 설치된 전기 관련 시설이었다고 한다. 또한 한남동 쪽에서 전화선을 끌어와 현장사무소에 설치한 게 강남 최초의 전화였는데 한동안 강남의 유일한 전화이기도 했다고.[58]

1967년경에는 강남 일부 지역에도 전기 시설이 들어왔다. 영등포구청 신동출장소 관내인 "양재동, 서초동, 남성동, 잠포동"과 성동구청 언주출장소 관내인 "도곡동에 전기보선 시설을 마치고 점화식"을 했다는 기사를 확인할 수 있다.[59] 남성동은 나중에 사

---

58 손정목, 『서울 도시계획 이야기 3』, 한울, 2003, 80쪽.
59 「깜깜 마을에 전기. 양재동서 점화식」, <경향신문>, 1967. 05. 03.

당동과 방배동으로, 잠포동은 잠원동과 반포동으로 분리된다.

1970년에 들어서야 강남의 다른 지역에도 전기가 들어왔다. 1963년에 서울로 편입된 지역 중에 "아직도 전기 시설이 안 되어 있는 성동구 청담동 등을 비롯한 34개 동의 1만 5천 호를 대상으로 전화(電化) 사업을 벌일 예정"이라는 기사가 눈에 띈다.[60] 이때 전기가 들어온 지역이 성동구청 언주출장소 관내의 청담동, 개포동, 양재동, 대치동, 우면동 등지였다.

전기 보급이 이럴 정도인데 상수도 공급은 어땠을까? 하도 답답해 우물을 판 동네가 있을 정도였다고 한다. 물론 1968년경 간이 상수도 시설 공사를 한 지역이 있긴 했다. 당시 신문 기사에서 신사동과 역삼동을 "상수도망이 들어가지 않는 변두리 지역"이라 표현했는데 이들 지역에 "위생 식수 공급"을 위해서 "간이수도 공사를 했다"라는 소식을 전했다.[61] 그런데 역삼동과 가까운 양재동은 그렇지 않은 듯 보인다. 1972년 신문을 보면 양재동은 상수도가 설치되지 않았다. 흑석동이나 노량진까지 가서 물을 길어오는 형편이었다고. 그래서 양재동 주민들은 우물을 팠는데 소독이라도 자주 해달라고 구청 측에 민원을 많이 넣었다고 한다.[62]

이렇듯 1970년대 초반까지 강남 일대는 도시의 변두리라는 정체성을 갖고 있었다. 어쩌면 아직 농촌의 성격을 벗어나지 못

60 「편입지 만5천호에 전기」, <매일경제>, 1970. 02. 17.
61 「변두리에 간이수도」, <조선일보>, 1968. 12. 06.
62 「우물 소독 철저히·변두리 시민들」, <경향신문>, 1972. 01. 13.

한 것인지도 모른다. 그랬던 강남에서도 특히 대치동 일대가 농촌이었음을 보여주는 기사 한 편이 있다.[63]

1972년 6월 나온 이 기사를 참고하면, 대치동의 한 주민은 자기 집에다 탁아소를 열었다. 농번기 주부들의 일손을 덜어주기 위해 사비를 들였고, 4H 클럽 회원들의 협조를 받아서 30명의 아기를 돌봤다고 한다.

이상하지 않은가? 대치동에 '농번기'와 '4H 클럽'이라니. 두 단어 모두 농촌하고 관련 깊다. 4H 클럽은 '낙후된 농촌의 생활 향상과 기술 개량을 도모하고 청소년들을 고무하기 위해 시작된 국제적 운동 단체'다. 그러니까 1972년까지만 해도 농촌 계몽 운동을 목적으로 하는 4H 클럽이 대치동에 있었다. 다시 말해, 1972년경 대치동은 농촌이었다는 의미다.

이 동네는 어디일까. 기사에 나온 탁아소의 지번을 지금의 주소로 바꿔서 포털 지도 서비스에서 검색해 봤다. '대치동 구마을'이라는 지명과 함께 휘문고등학교와 은마아파트 사이에 자리한 지역이 지도에 떴다. 그제야 난 서울시에서 대치동 구마을을 조사한 자료집이 떠올랐고 거기서 본 대치동의 4H 클럽 표석(대치 4H 구락부라고 쓰인) 사진도 떠올랐다.[64] 그리고 이 동네가 기억났다. 나와 친구들이 고등학생 시절 '민속촌'이라 부르던 동네였다.

내가 휘문고등학교에 입학한 1982년 봄, 대치동 언덕 위의 학교와 은마아파트 사이에 한 마을이 있었다. 대치동 일대의 아파

63 「사재로 탁아소 마련」, <경향신문>, 1972. 06. 21.
64 서울역사박물관, 『대치동 사교육 일번지』, 서울역사박물관, 2017, 37쪽.

1972년 대치동 일대 항공사진. 위쪽의 마을이
대치동 구마을이고 아래쪽 농경지가 은마아파트
자리다. ⓒ국토지리정보원

트 단지나 주택 단지와는 분위기가 사뭇 다른 전통 마을이었다. 당시 휘문고 학생들은 민속촌으로 불렀고 오늘날에는 대치동 구마을로 불리는 동네다.

서울시에서 구마을을 조사한 자료집을 참고하면, 이 마을은 조선시대부터 대치동 일대에서 농사를 짓던 농부들이 살아온 마을이었다. 그래서 1980년 초반 무렵에도 전통가옥이 남아 있었고 그런 모습을 보고 휘문고 학생들이 민속촌으로 불렀다. 지금 생각해 보면 차별이 담긴 표현이었는데.

그런데 언제부터인가 이 마을이 대치동 구마을로 불리고 있었다. 서울시 자료집에도 이곳을 구마을이라 지칭했지만, 왜 구마을로 불리는지는 정확히 나와 있지 않았다. 아마 주변에 새로 개발된 마을과 구분하면서 부르던 게 고유명사처럼 자리 잡은 것으로 보인다.

1970년대 항공사진을 보면 대치동 구마을 남쪽으로 넓게 농경지가 펼쳐져 있다. 이 일대가 70년대 후반으로 가면서 아파트 단지로 변하게 된다. 바로 은마아파트다. 그렇게 아파트가 들어선 대치동 일대는 점차 학원가로도 변하게 된다.

이렇듯 대치동 일대는 과거 농촌이었다. 비슷한 시기의 항공사진을 보면 대치동뿐 아니라 역삼동과 도곡동 일대에도 농경지가 넓게 펼쳐져 있다. 물론 다른 강남 지역에도. 그랬던 농촌이 오늘날 자녀 교육을 위해서라도 이사하고 싶은 강남이 되었다.

[한강의 교량 이전에 나루터가 있었다]

　한강에 다리가 놓인 자리는 대개 나루터였다. 나루터는 물을 만나 끊어진 육로와 육로를 수로로 이어주었다. 그래서 나루터는 사람들 왕래가 많은 길과 물이 만나는 지점에 있기 마련이었다.

　한강대교가 놓인 자리만 하더라도 용산과 노량진을 연결하는 나루터가, 한남대교가 놓인 자리에도 한남동과 신사동 혹은 잠원동을 연결하는 나루터가 있었다. 이들 한강의 교량은 예로부터 사람들 왕래가 많은 길과 길 사이에, 그러니까 나룻배가 오가던 경로에 놓였다.

　그리고 보면 다리가 없던 시절 한강의 나루터들은 강북의 서울 도심과 한강 남쪽을 잇는 교통의 요지였다. 특히 강남 주민들에게 나룻배는 없어서는 안 될 중요한 대중교통 수단이었다. 교통수단으로 차량을 주로 이용하는 오늘날에는 교통사고 소식이 주요 뉴스로 오르내릴 때가 많다. 2024년 7월 초 시청역 앞에서 벌어진 교통사고처럼 여러 사람이 죽거나 다치는 대형 교통사고

나루터로 표지판. 신사역사거리에서 잠원동 방향의 도로다.
과거 잠원동에 나루터가 있었단 흔적이다.

일 때는 사회 분위기에도 큰 영향을 끼친다.

1960년대에는 나룻배 침몰 사고가 그랬다. 특히 한남동과 잠
원동을 연결하는 나룻배처럼 이용자가 많은 구간에서 배가 침몰
하면 비참한 사고로 번지곤 했다. 1962년 추석 무렵에 대형 사고
가 있었다. 9월 7일 한남동과 잠원동 사이를 운행하는 나룻배가
뒤집혀 100여 명의 시민이 물에 빠지고 30여 명이 숨졌다.[65] 이즈
음의 신문 기사들을 참고하면, 중대한 사고라 1면에 사고 소식
을 실었는데 희생자들은 주로 강남 일대에 사는 직장인이나 학
생이었다.

이 사고의 영향은 희생자나 가족이 아닌 이들에게도 미쳤다.
사고 여파로 한강 나루터가 폐쇄되었는데 곧 추석이 다가왔기

---

65 「승객 약 백명 익사」, <경향신문>, 1962. 09. 07.

때문이다. 그래서 한강 남쪽에 있는 공동묘지로 성묘 가야 했던 서울 강북의 시민들은 한남동 인근의 서빙고 나루터로 몰려갈 수밖에 없었다.[66]

교통사고가 만연해도 오늘날 차량 이용이 필수이듯, 전복 사고 위험에도 과거 강남과 강북을 오가는 서울 시민들은 나룻배를 이용할 수밖에 없었다. 그중 뚝섬 나루터는 강북의 자양동과 강남의 청담동·삼성동 등을 연결하며 출퇴근과 등하교는 물론 뱃놀이와 농산물 운송을 도맡아 하는 교통의 요충지였다.

1963년 1월 서울이 된 강남은 강북의 서울 시민들이 즐겨 찾는 교외 소풍지였다. 봄꽃 놀이 장소로 유명했던 삼성동의 봉은사로 가기 위해서는 뚝섬에서 나룻배를 타는 게 편리했다. 1964년의 어느 신문 기사에 봉은사 소풍 정보가 실렸다.[67]

당시 뚝섬에서 봉은사 방면으로 가는 두 개의 코스가 있었다. 나룻배로 청담동 백사장으로 향하는 직행 코스와 모터배로 봉은사 인근의 탄천으로 향하는 우회 코스. 맑은 물이 흐르는 강변 마을 청담동에는 청숫골 나루터가 있었고, 봉은사로와 종합운동장 사이에 놓인 봉은교 부근의 탄천에도 선착장이 있었다.

강남구 압구정동에 가면 지하철 수인분당선 '압구정로데오역'이 있다. 정확히는 압구정동, 신사동, 청담동이 만나는 경계

---

66 「대혼잡 이룬 나루터」, <조선일보>, 1962. 09. 14.
67 「나룻배 뚝섬 봉은사」, <경향신문>, 1964. 03. 26.

지점이다. 그런데 원래는 '압구정로데오'가 아닌 '청수나루'를 역명으로 계획했다고 한다. 하지만 주민들이 반대해 지금의 이름으로 정해졌다고. 아마도 옛 모습을 상징하는 이름보다는 오늘날 역 주변의 상권을 상징하는 단어가 들어가기를 바랐던 것으로 보인다.

뚝섬 나루터는 또한 강남 일대 농경지에서 재배한 농산물을 강북의 서울 도심으로 공급하는 물류의 중심지이기도 했다. 위 기사를 참고하면, 청담동, 삼성동, 대치동 등지의 농가에서 재배한 채소류는 뚝섬 나루터를 통해 서울 강북 도심에서 유통되었다. 봄이면 마차 50여 대와 손수레 40여 대를 나룻배로 실어 날랐다. 손정목 교수는 1960년대에 한강을 오가는 나룻배에는 강남 일대에서 재배한 채소 보따리로 가득 찼다고 당시 모습을 묘사하기도 했다.[68]

잠원동 나루터도 강남에 거주하는 직장인들과 학생들이 이용하는 대중교통의 요충지였다. 뚝섬 나루터 못지않았다. 하지만 한강의 물이 불어나면 잠원동 일대는 고립되기 일쑤였다. 위험하다며 나루터가 폐쇄되기도 했다. 그래서 비가 많이 내리면 고립되는 잠원동을 '낙도'로 묘사한 신문 기사도 있었다.[69] 이 기사를 참조하면, 잠원동에서 한남동을 연결하는 나루터는 잠원동과 신사동 3천여 주민들의 유일한 서울 방면 교통로였다고 한

68 손정목, 『서울 도시계획 이야기 3』, 한울, 2003, 70쪽.
69 「서울의 나루터 근대화 속의 낙도 (하) 비만 오면 고립되는 잠원동 일대」, <경향신문>, 1969. 08. 20.

1970년대 초 잠원동 일대. ⓒ서울역사아카이브

다. 특히 이 일대 직장인들이나 학생들은 날마다 나룻배 타고 통
근 혹은 통학해야 했다. 만약 뱃길이 끊기면 10리를 걸어 동작동
으로 간 다음에 버스를 타야 했다.

　그런데 한강에 다리가 놓이자, 한강 남쪽 지역은 예전보다 빠
르고 편리하게 강북 도심과 연결되었다. 특히 1969년 말에 한남
대교가, 1972년에 잠실대교가, 그리고 1973년에 영동대교가 완
공되면서 강남 일대의 생활환경 자체도 달라졌다. 하지만 새로
운 문물이 생겨나면 사라지는 옛것도 있기 마련. 한강에 다리가
놓이자, 그 일대를 배로 연결했던 나루터가 사라지게 되었고, 배
를 몰던 사공들도 일자리를 잃게 되었다. 이런 취지의 신문 기사
들은 1969년 말 한남대교가 완공되면서 보이기 시작한다. 그리
고 잠실대교 준공을 앞둔 1972년에는 신천나루와 그곳에서 일

한 뱃사공들의 이야기를 당시 여러 언론에서 심층적으로 다뤘다.

신천나루는 자양동과 잠실을 잇는 나룻배 정거장이었다. 즉 잠실대교가 놓인 경로로 나룻배가 오갔다. 잠실대교 건설은 한 강의 섬이었던 잠실을 육지로 만드는 도시화의 영향으로 나루터가 사라지면서 뱃사공도 일자리를 잃게 되었다는 상징적 의미를 담고 있었다.

당시 신문 기사들을 검색하다가 오래도록 머리에서 떠나지 않는 사진 한 장을 보게 되었다.[70] 잠실대교 개통 전날에 신천나루의 어느 사공이 "자신이 몰던 4톤짜리 나룻배" 위에 그가 살던 "오막살이 한 채를 고스란히 떠 얹고" 가족들과 한강 하류로 떠나는 모습을 전하는 기사에 실린 사진이었다. 진짜로, 오두막 한 채가 나룻배 위에 실려 있었다.

1972년 <조선일보>에 신천나루의 한 뱃사공이 나룻배에 집을 싣고 떠나는 순간을 포착한 사진이 실렸다.

70 「나룻배에 판자집, 가족 싣고 그 뱃사공은 떠났다」, <조선일보>, 1972. 07. 01.

사진의 주인공은 "신천나루 최후의 뱃사공 송택슬(44)"씨였다. 기사 속에서 그는 "물 따라가다가 마땅치 않으면 강가에서 채소나 지어 먹겠다."라는 소원을 밝혔다. 한강 하류의 나루터 이곳저곳에서 일자리를 알아보다가 여의찮으면 농사를 짓겠다는, 일자리를 잃어도 강을 떠나기 쉽지 않은 사공의 모습을 보여주는 일화였다. 어쩌면 한강 다리 부설로 일자리를 잃은 많은 뱃사공의 심정을 대변한 건 아니었을까.

이 기사를 참조하면, 신천나루는 1972년 6월 20일에 폐쇄되었다. 1971년만 해도 열두 명이던 사공이 다리 준공을 앞두고 서서히 떠나 폐쇄될 때는 다섯 명만 남았다고. 하지만 송택슬 씨가 혹여 일자리를 얻을 수 있을까 기대하며 찾아 떠난 한강의 하류도 조만간 나루가 없어질 건 분명하다고 기사는 전하고 있었다.

2025년 2월 기준, 서울 권역의 한강에는 서른두 개의 교량이 있다.[71] 서울시 안에 스물두 개가 놓였고, 경기도에 있거나 서울과 경기도를 연결하는 위치에 열 개의 다리가 놓였다. 이는 다리가 건설된 많은 곳에 있던 나루터가 사라지고 뱃사공들이 일자리를 잃었음을 의미하기도 한다.

---

71 서울특별시 홈페이지 한강 교량 현황(http://news.seoul.go.kr/safe/archives/29950)

[강남의 서울시립 공동묘지   ]

영동에 가면 친구 산소가 있어. 이런 말을 강남으로 이사할 즈음 어머니에게 들었다. 강북의 너른 단독주택에서 영동의 좁은 아파트로 이사하는 건 속상하지만, 친구가 묻힌 산소가 가까운 건 어머니 마음에 든다고 했다. 내가 걸음마를 뗀 무렵이니 1967년 어느 날이었을 것이다. 수유리에 사는 어머니의 교회 친구가 세상을 떠난 시기가. 연탄가스를 맡았다고 했다. 영구차는 뚝섬까지만 갔고 그녀의 관은 나룻배에 실려 강을 건넜다. 강 건너에서 상여에 실린 관은 거기서 멀지 않은 언덕의 공동묘지에 묻혔다고 했다.

거기가 그녀의 시댁이 있던 학동쯤인데 우리가 이사할 역삼동에서 버스로 몇 정거장 되지 않는 가까운 동네라며 어머니는 들뜬 듯 말하곤 했다. 하지만 어머니는 친구의 묘소를 찾지 못했다. 사라졌기 때문이다. 이사한 몇 달 후 1977년 봄이 되자 어머니는 학동 일대를 뒤지고 다녔다. 하지만 다녀와선 "없어졌어. 싹 없어졌더라고." 하며 실망스러워했다. 공동묘지 있던 자리가 주택가가 됐다는 소리였다.

그즈음 5학년이 된 나는 개포동에 공동묘지가 있었다는 소문을 들었다. 영동아파트에 사는 어느 6학년 형이 예전에 자기네 가족이 살던 동네 근처에 폐쇄된 공동묘지가 있고 아직도 구덩이 같은 흔적이 남아 있다고 말했다. 그 동네가 개포동이었다.

왜 그랬는지 기억나진 않지만, 그 형과 나 그리고 몇몇 아이가 공동묘지 흔적을 찾아 나섰다. 하지만 당시에는 역삼동에서 개포동으로 가는 버스가 없어 걸어가기로 했다. 지금의 한티역과 도곡역 사이의 고갯길을 넘어가니 비닐하우스로 가득한 벌판이 보였다. 도곡동이었다. 오늘날 타워팰리스가 있는 바로 그 자리. 거기에서 개포동으로 가려면 양재천까지 간 다음 다리를 건너야 했다. 농경지 사이 진흙 길을 한참 걸어 양재천까지 갔다. 하지만 길을 잘못 택했는지 다리가 보이지 않았다. 이미 지쳤던 우리는 탐험 의지를 꺾고는 되돌아왔다. 개포동에 있었다던 공동묘지는 그렇게 기억 서랍 속 깊은 어딘가에 묻혀버렸다. 긴 시간이 흘러 난 강남의 옛이야기를 찾아 나서는 어른이 되었다.

그러던 어느 날 호기심을 자극하는 기사 한 편이 내 눈에 걸려들었다. 앞의 글에서도 언급한 1962년 추석 무렵 한남동 인근에서 일어난 나룻배 전복 사고 관련 기사였다. 사고 여파로 한남동 나루터가 폐쇄돼 경기도 광주군 언주면에 있는 '시립 언주공동묘지'에 가려는 성묘객들이 불편하다는 내용이었다. 불현듯 옛 생각이 떠올랐다. 기사에서 언급한 언주 공동묘지가 내가 어릴 적 들은 개포동에 있었다던 그 공동묘지가 아닐까 하는. 생각난

김에 관련 문헌을 계속 찾아보았다.

경기도 광주군 언주면에 공동묘지가 설치된 기록은 과거 신문 기사 데이터베이스에서 확인할 수 있었다.[72] 1939년 3월경 경성부는 서울의 공동묘지들이 포화 상태라 경기도 시흥군 동면(지금의 신림동 일대)과 광주군 언주면에 각 10만 평의 땅을 구매해 공동묘지를 신설했다. 이때 언주 공동묘지는 경성부립(京城府立)이 되었다.[73] 광복 후 서울시가 경성부의 행정 권한을 이어받았으니 이 공동묘지에 관한 업무도 인수했을 것이다.

이후 거의 20년 만에 언주 공동묘지가 사회면 뉴스를 장식하게 된다. 1957년 9월 여러 신문이 미아리 공동묘지를 옮겨야 한다는 취지의 기사들을 내보냈다. 공동묘지가 도시의 미관과 공중위생을 해치는 한편 미아리에 도시계획이 필요함을 이유로 내세웠다. 주거지가 부족해 확장이 필요한 서울 부도심에 공동묘지는 방해물이라는 뉘앙스를 풍기는 기사들이었다.[74] 결국 서울시는 미아리 공동묘지를 이장할 장소로 광주군 언주면의 공동묘지를 선택했다. 1년여가 지난 1958년 연말쯤의 기사들을 참고하면, 미아리 공동묘지의 분묘 1만 9천여 기가 언주 공동묘지로 이

---

72 「공동묘지 신설」, <조선일보>, 1939. 03. 18.
73 일제강점기 경성부는 독립된 행정구역이 아닌 경기도에 속한 도시였다. 그래서 같은 경기도에 속한 광주군과 시흥군의 업무 협조를 받은 것으로 보인다. 조선시대와 대한제국의 한성부, 그리고 대한민국의 서울특별시는 독립된 행정구역이다.
74 「미아리 공동묘지 이전에 난관」, <경향신문>, 1957. 09. 28.

장되었단 걸 알 수 있다.[75]

그런데 이들 기사에서 언주 공동묘지가 '서울시 지정 공동묘지'라거나 '서울시립'으로 표현되었다. 하지만 이 시기 공동묘지가 있던 광주군 언주면은 아직 경기도였다. 1963년 1월에야 서울로 편입된다. 그런데 경기도에 서울시가 관장하는 시설이 있는 건 일제강점기 시절 경기도에 속했던 경성부의 자산을 광복 후 서울시에서 그대로 인수했기 때문이다.

1960년대 들어 언주 공동묘지 관련 기사는 설날과 추석 등 명절에 주로 볼 수 있다. 성묘객을 위한 임시버스를 언주 공동묘지 방면에 배치했다는 정보성 기사가 대부분이다. 그런데 1960년대 말에는 서울의 공동묘지가 꽉 찬 상황을 전하는 기사가 등장한다. 망우리 공동묘지는 매장을 더는 할 수 없는 포화 상태라거나 언주 등 시립묘지들은 월평균 5백 기의 묘소가 늘어나는 형편이라는 식이다.[76]

1970년이 되자 서울시는 강남에 묘지를 더는 허용하지 않고 기존에 있는 시립 공동묘지들도 서울 외곽으로 이전할 계획을 밝힌다.[77] 관련 문헌 등을 종합하면, 서울시는 강남 개발 계획에 유리하도록 「매장 및 묘지 등에 관한 법률」 개정을 이끌었다. 토지 이용을 원활히 하고 묘지 관리를 일원화하는 목적도 있

---

75 「15일로 이장 완료」, <조선일보>, 1958. 12. 13.
76 「저승길에도 땅 걱정」, <조선일보>, 1968. 10. 06.
77 「강남에 묘지불허」, <동아일보>, 1970. 02. 09.

었다.[78] 이에 따라 한강 이남의 여덟 개 공동묘지의 분묘들은 1970년 6월부터 이장해야 했다. 여덟 곳 중에 언주, 신사, 학동 등 세 개의 공동묘지가 지금의 강남구에 있었다.[79] 언주 공동묘지는 미아리에서 이장한 지 10년이 조금 지났는데 또 이장하게 되었다.

나는 강남의 개포동에 서울시립 공동묘지가 있었던 사실을 공식적으로 확인하고 싶었지만, 그보다도 정확히 어디에 있었는지가 더 알고 싶었다. 하지만 강남 일대의 역사를 나름 자세히 기록한 『강남구지』를 살펴봐도 강남에 공동묘지가 있었던 대목을 찾을 수 없었고, 서울시가 공개한 자료를 뒤져봐도 강남에 있었던 공동묘지에 관한 기록을 찾을 길이 없었다.

직접 시청과 구청에 찾아가기도 했는데 담당자를 만나기도 어려웠지만 만나더라도 '강남의 공동묘지'라는 용어 자체를 처음 들어본다는 표정을 지었다. 계속 문의하면 이른바 진상 민원인으로 취급할 거 같아 그냥 철수할 수밖에 없었다. 그러다 강남의 공동묘지 지번이 적힌 과거 신문 기사를 찾게 되었다.[80] 이 기사에 "성동구 개포동"으로 시작하는 언주 공동묘지의 29개 지번이 나와 있었는데 이 주소들의 현재 지번을 확인해 지도에서

78 이의성, 「근대도시계획과정에서 나타난 공동묘지의 탄생과 소멸-서울 사례를 중심으로」, 서울대학교 대학원, 2021, 69-71쪽.
79 「공동묘지 폐지 강남 8개소 유월 이장」, <동아일보>, 1970. 05. 28.
80 「8개지구 사유묘지 공동묘지로 이장」, <중앙일보>, 1970. 06. 20.

현재 위치를 확인해 보았다.

그리고 혹시 흔적이라도 볼 수 있을까 하여 이 지번들의 실제 위치를 과거 항공사진에 적용해 보았다. 결국, 거기에서 과거 흔적을 찾을 수 있었다. 1972년에 촬영한 개포동 일대 항공사진에 공동묘지 흔적이 남아 있었다. 서울시가 분묘 개장과 이장을 명령하고 2년 정도 지난 후의 모습이었다. 평지에 농지가 있었다면 구릉에는 묘지를 파낸 구덩이들이 있었다. 마치 달 표면의 분화구를 보는 듯한 느낌이었다. 분묘를 개장하고 이장한 후에 덮지 않은 채로 놔둔 모양이었다.

대모산 자락과 구룡산 자락은 물론 두 산과 인접한, 나중에 양재대로와 아파트 단지가 들어서게 되는 구역에서도 파묘한 흔적들이 보였다. 특히, 대모산과 공중 보도로 연결될 예정인 근린공원 터는 구릉 전체에 구덩이가 가득했다. 공원 옆에 들어설 아파트 단지 터도 마찬가지였다.

이후 시기에 촬영된 항공사진들에서는 구릉의 구덩이들 주변이 수풀로 덮이는 것을 볼 수 있다. 그 자리는 개포공원이 되었고 그 옆으로는 개포동 주공2단지아파트와 3단지가 들어섰다. 오늘날에는 주공2단지와 3단지가 재건축된 '래미안블레스티지'와 '디에이치아너힐즈'가 들어선 구역이 되었다. 파묘된 구덩이가 가득했던 개포공원은 이들 재건축 아파트 단지의 뒷마당이 되었다.

개포동의 공동묘지 지번이 실린 기사에는 강남구 신사동과 학동 등 한강 이남 여덟 개 지역에 있는 공동묘지들의 지번도 함

1972년 개포공원 일대 항공사진. 파묘한 흔적인 구덩이들이 보인다. ⓒ국토지리정보원

개포공원 일대의 1982년 항
공사진. 파묘한 구덩이 주변이
수풀로 덮이고 주변은 아파트
단지가 들어섰다. ⓒ국토지리
정보원

께 나와 있었다. 나는 학동 공동묘지의 과거 지번을 현재 주소로 바꿔보았다. 강남구 논현동의 강남중앙침례교회 맞은편 주택가가 그곳이다. 이 교회는 어머니가 생전에 출석한 교회다. 아마도 당신 친구의 묘소가 있었던 곳과 가까운 교회라 마음이 평안해서 출석한 걸까. 그랬다면 어머니는 교회에서 예배드릴 때마다 서울 생활 적응에 도움을 준 친구의 명복을 빌지 않았을까.

3부

강남에 일이
이런
일이

[　　　　한밤의 소도둑 추격전　　　　]

　　강남에 소도둑이 나타났다. 큰 도둑을 의미하는 속담 속 도
둑이 아니라 진짜 황소를 훔친 소도둑 말이다. 그야말로 '강남에
이런 일이!' 같은 사건이 벌어졌다. 과거 신문 기사 검색은 내게
보물찾기와 같다. 다양한 검색어를 입력하다 보면 주옥같은 이
야기를 발견하곤 한다. 평범하게 보이는 일들도 그 행간을 파헤
치다 보면 흥미로운 사연이 담겨 있을 때가 많다. 특히 사건 사
고 기사가 그렇다.

　　그래서 틈날 때마다 강남이 농촌이었을 때 어떤 사건 사고가
벌어졌는지 찾아보곤 했다. 사람 사는 곳이라면 뭔가 일이 터지
기 마련이니까. 그때 내 레이더에 한 사건이 포착됐다. 1958년에
벌어진 마을 간 패싸움이었다. 이 사건을 다룬 기사를 참고하면,
경기도 광주경찰서는 청년 70여 명을 집단 폭행 혐의로 연행했
다.[1]

1　「백여 청년 집단폭행」, <조선일보>, 1958. 09. 30.

경찰에게 잡힌 이들은 광주군 대왕면 일원리에 사는 청년들이었다. 지금의 강남구 일원동 일대다. 일원리 청년 100여 명이 광주군 언주면 반포리의 마을을 습격해 가옥을 파괴하고 이 동네 청년 10여 명에게 중경상을 입혔는데 심지어 출동한 경찰들까지 폭행해 경찰에 연행된 것이다.

언주면 반포리는 지금의 강남구 개포동 일대를 말한다.[2] 게다가 체포된 일원리 청년 중에는 현역 군인이 일곱 명이나 있었다. 이 사건이 왜 벌어졌는지 어떻게 처리되었는지에 관한 후속 기사나 자료는 찾을 수 없었다. 다만 한밤에 마을 청년 100여 명이, 그것도 현역 군인까지 동원될 정도로 심각한 갈등이 일원리와 반포리 사이에 있었을 거라 짐작할 수는 있다.

지도를 보면 두 마을의 지리적 관계를 이해할 수 있다. 강남구 개포동과 일원동은 붙어 있는 동이다. 2022년에는 일원2동이 개포3동으로 변경될 정도로 두 지역은 행정적으로 가깝다. 그런 이웃 마을의 주민들이 크게 충돌한 것이다. 신문 기사에 나온 정도로만 이 사건을 기억하고 있던 나는 한밤의 패싸움이 어쩌면 물길이나 치정이 원인이었을지도 모른다고 추측하게 되었다. 그 계기는 역말 사람들과의 만남이었다.

2022년 11월, 역말 사람들을 만났을 때 강남 일대가 농촌이었던 시절의 궁금한 점들을 물었다. 혹시 마을 청년들끼리 패싸움을 벌였는지도. 역말 사람들은 만약 마을끼리 싸움이 났다면

2　경기도 시흥군 신동면에도 반포리가 있었다. 1963년 1월, 이 지역이 서울로 편입되며 반포동이 되었고 같은 지명인 광주군 언주면 반포리는 개포동이 되었다.

물길 방향 때문이거나 마을 처녀와 다른 마을 남자가 얽힌 일일 지도 모른다고 추측했다. 물론 추측은 추측일 뿐이다. 그 후 이 사건을 기억하는 일원동 토박이나 개포동 토박이를 찾아보려 수소문했지만, 성과는 없었다. 대신 다른 사건이 내 호기심을 자극했다. 1967년에 벌어진 쇠고기를 파는 여자 행상이 강도를 당해 크게 다친 사건이었다.[3]

사건 현장은 반포동의 야산으로 지금의 영동시장 건너편 언덕 위 '언구비 공원' 주변의 주택가를 말한다. 지금은 주택들로 빽빽한 동네지만, 사건이 발생했을 때만 해도 인적 드문 야산이었다. 조선시대에 이 일대에 도적이 창궐하자 선비들이 의병을 조직해 도둑을 소탕했다는 전설이 깃든 동네다.[4] 과거에도 치안이 불안한 지역이었다는 걸 보여준다.

이 사건을 다룬 기사에서 사건이 벌어진 지역을 밀도살이 성행하는 곳이라고 언급했다. 그러니까 지금의 강남대로 주변에서 가축 밀도살이 자주 벌어졌다는 것이다. 흉기도 소를 잡을 때 쓰는 도끼였고 피해자의 직업도 쇠고기 행상이어서 경찰은 밀도살 관련 사건으로 의심했다고 한다.

과거 신문 기사 데이터베이스에서 '밀도살' 혹은 '밀도축'을

---

3 「도끼에 뒷머리 맞아 쇠고기 여행상(女行商) 중태」, <경향신문>, 1967. 02. 17.
4 신문 기사에 실린 사건 현장 주소는 '언구비 공원'에서 약 150m 떨어진 위치다. 언구비(彦九碑)는 조선 순조 시절인 19세기 초, 이 일대에 도둑이 창궐했을 때 아홉 선비가 의병을 조직해 도둑을 물리치고 민가를 보호한 일을 기려 세운 아홉 개의 비석을 말한다. 언구비는 일제강점기에 없어졌고, '언구비 공원'의 표지석으로 이를 기렸다. 하지만 2024년에 공원 정비 과정에서 표지석을 없앴다.

검색하면 1960년대와 70년대 초반 서울에서 밀도축이 성행했다는 걸 알 수 있다. 관련 신문 기사를 참고하면, 1968년 무렵 서울 시내 연간 쇠고기 수요량의 40%에 해당하는 3만 6천여 마리의 소가 서울 변두리에서 밀도살되어 시내 정육점에서 팔리고 있었다.[5] 그 시절 서울의 변두리 중에서도 강남은 특히 외진 곳이었다. 서울 도심과 거리는 가깝지만, 아직 다리가 많이 놓이지 않아 배를 타고 한강을 건너가야 닿는 한적한 농촌이었다. 그러니 감시의 눈을 피하기 쉬워서 밀도축이 성행하지 않았을까.

그런데 밀도축 관련 기사들을 검색하다 보면 소도둑 사건 기사도 자주 눈에 띈다. 소를 훔쳐 밀도살하는 경우가 많아 검색에 함께 걸리는 것이었다. 이들 신문 기사를 참고 하면, 내가 태어나 자란 수유리 등 서울 여러 곳에서 소도둑 사건이 벌어졌다.[6] 그 중에서도 서초동에 나타난 소도둑 사건이 특히 흥미로웠다.[7] 이를 다룬 기사에서 강남의 옛 모습이 자세히 묘사되었고 행간에는 더 많은 이야기가 담겼기 때문이다.

사건의 요지는 이렇다. 1972년 6월 어느 날 서초동에 사는 한 주민이 황소를 도둑맞았는데 이웃들과 함께 소도둑을 추적해 밀도축 일당을 소탕했다는 사연이다. 그런데 기사를 읽다 보면 흥미진진해진다. 마을 청년 70여 명이 추적대를 조직해 강남 일대를 샅샅이 수색하며 소도둑을 추적하는 과정을 마치 중계하듯

---

5   「쇠고기 밀도살 성행」, <경향신문>, 1968. 08. 06.
6   「깜찍한 10대 절도단 육명(六名)을 구속」, <조선일보>, 1962. 11. 03.
7   「황소 도둑 잡자. 새벽 마을 비상」, <조선일보>, 1972. 06. 16.

묘사했다. 그 장면을 따라가다 보면 과거 강남의 모습이 눈앞에 보이는 듯하다.

이 기사로 미루어보면 1972년의 강남에는 아직 농촌의 모습이 남은 동네가 있었다. 기사에 나온 주소를 현재 주소로 바꿔보니 사건이 일어난 마을은 남부터미널 근처였다. 그곳에 황소를 기르는 집이 있었다는 것은 그 일대가 농촌이었다는 것을 의미한다.

<조선일보>에 실린 강남의 소도둑 수색대 기사. 「'황소도둑 잡자, 새벽 마을 비상'」.

한편, 추적대는 소도둑의 흔적을 쉬이 찾을 수 있었다. 소도둑이 도망간 경로가 포장된 길이 아니었기 때문이다. 소도둑은 사람의 눈길을 피하려고 논, 밭, 개울, 산을 마구 가로질러 도망갔다. 그래서 황소 발굽 자국은 물론 소도둑이 신은 장화 자국도 흔적으로 남았다.

기사에서 언급한 지명으로 이들이 지나간 경로를 유추하면, 소도둑은 지금의 서울교육대학교 근처에서 서초동 칠성사이다 공장 터를 거쳐, 신논현역 인근 야산을 넘어서 반포동 일대로 도망한 것으로 보인다. 당시 그곳은 논과 밭 그리고 개울과 야산이 있던 곳이었다. 위에서 언급한 쇠고기 행상이 강도를 당한 장소도 이 경로 안에 있었다.

수색대는 마침내 전나무골 인근에서 소도둑의 소굴을 발견했다. 전나무골은 주흥동[8]으로도 불렸던 반포1동 일대를 일컫는다.[9] 소도둑 소굴은 야산에 자리한 외진 집이었다. 수색대가 그곳을 덮쳤지만, 황소는 이미 도축된 후였다고. 황소 주인은 결국 소를 되찾지 못했지만 "서울 청년들이 보여준 협동 정신은 정말 흐뭇한 것이었다."라며 마을 주민들에게 감사를 표했다고 한다.

이렇듯 황소 도둑 추적대 이야기가 실린 신문 기사로 유추해 보면, 당시 농촌이었던 강남에는 '마을 공동체 의식'이 남아 있던 것으로 보인다. 전화 시설이 변변치 않던 시절에 새벽인데도

---

8   주흥동은 잠원동에 살던 주민들이 1925년의 을축년 대홍수로 집을 잃자, 대부호 김주용이 전나무골에 집을 지어준 것에서 지명이 유래한다. 김주용과 부흥에서 지명을 땄다. 경부고속도로 위를 가로지르는 신반포로에 놓인 다리인 '주흥고가교', 잠원동의 '주흥 어린이공원'에 옛 동네 이름의 흔적으로 남았다. 그리고 반포동 '언구비 어린이공원'에 김주용을 기리는 '주흥비'가 있다.

9   서울역사편찬원의 『서울지명사전』에 전나무골은 반포1동 사무소 위쪽이라 나와 있고, 『서초구지』에는 고속터미널 뒤쪽 일대의 반포4동이라고 나와 있다. 한편, 언구비 어린이공원의 주흥비는 반포1동 주민자치위원회와 반포1동 주흥동 향우회에서 세웠다.

마을 주민 70여 명이 소도둑 추적에 동참했다. 모내기와 추수 때 서로 돕는 농촌 마을 특유의 공동체 의식을 엿볼 수 있는 지점이다. 소도둑 사건이 벌어진 1972년 무렵만 하더라도 강남은 그랬다. 그런데 오늘날 강남에서도 공동체 의식을 찾아볼 수 있을까? 같은 단지나 같은 브랜드의 아파트에 산다는 동류의식을 공동체 의식이라고 볼 수 있다면, 오늘날에도 강남에 공동체 의식이라는 게 존재한다고 말할 수 있을지도 모를 일이다.

[강남의 토막집과 토막민   ]

그날 목격한 광경을 잊을 수 없었다. 1976년 12월 5일 우리 가족이 개나리아파트로 이사한 날이었다. 주민등록표에는 전입 일자가 12월 6일로 되어 있지만 분명 5일에 이사했다. 그날 내 눈으로 직접 본 모습이 너무나 강렬해 가끔 쓰는 일기에 남겼기 때문에 정확히 기억한다.

개나리아파트에 도착한 후 이삿짐 부리는 건 어른들에게 맡기고 난 동네를 탐색했다. 개나리아파트에 대한 첫인상은 주변이 황량하다는 거였다. 우리 가족이 입주할 개나리 1차 단지만 완공되었고 나머지 부지는 공사장이거나 그냥 빈터였다. 개나리 1차 남쪽에는 영동아파트가 있었다. 영동아파트 쪽 출입구로 나가니 도곡시장이 있었다. 훗날 월드메르디앙 도곡프라자로 재건축되는 건물이다.[10] 나중에 삼호쇼핑센터가 들어서는 부지는,

---

10 당시 영동아파트 남단에도 같은 이름인 도곡시장이 있었다. 지금도 영업하는 골목형 전통 시장으로 한티역 사거리 인근에 있다. 개나리아파트 옆에 있던 도곡시장은 상가형 시장이었다.

즉 현재 이마트 역삼점이 있는 곳은 그냥 빈터였다.

이 빈터에서 난 뭔가를 봤다. 누군가와 눈이 마주쳤다. 초등학교 저학년 정도로 보이는 아이였다. 그런데 아이 눈이 위치한 높이가 지면에 가까웠다. 집이었다. 아니, 움막이었을까. 아마도 토굴에 가까운 움막이었을 것이다. 구덩이 위를 가마니 같은 거로 하늘을 가린 모양새였다.

그곳에서 나오던 아이와 내가 눈이 마주친 것이다. 한동안 서로를 주시하며 대치했다. 잠시 후 그 아이는 땅속으로 사라졌고 난 집으로 가서 어머니에게 내가 목격한 바를 고해바쳤다. 하지만 이삿짐 정리로 바쁜 어머니는 내 말을 귀담아듣지 않았다.

나는 그날 일을 일기에 남겼다. 일기라기보다는 간혹 쓰고 싶은 이야기가 생기면 끄적이는 낙서장 같은 거였다. 나는 당시 『난중일기』에 푹 빠졌었는데 이순신 장군님처럼 위대한 기록을 남기고 싶어 한 어린이였다. 그런 난 고등학생 시절까지 낙서 혹은 기록을 즐겼다. 대학생 때는 어릴 적 낙서장들을 꺼내 보며 낄낄대곤 했다. 제일 재미있던 건 중학생 시절 짝사랑 상대방에게 보내는 연서의 초고였다. 유치하면서도 진지함 그 자체였다. 어른이 된 후 국내외를 옮겨 다니는 와중에 어릴 적 낙서장들이 사라졌다. 내 주변에서 벌어진 주옥같은 일들이 많이 기록되었지만 지금 기억나는 건 일부일 뿐이다. 1976년 12월 5일에 내가 목격한 장면처럼.

그 아이를 다시 볼 수 없었다. 다른 날 가 보니 움막이 사라졌다. 그리고 그 자리 인근에서는 쇼핑센터 공사 준비를 하고 있었다. 이날의 목격담을 훗날 도곡국민학교 동창들에게 털어놓았다. 하지만 믿는 친구가 하나도 없었다. 그런 사람들이 강남에 살았을 리 없다면서. 물론 직접 눈으로 보지 않은 다음에야 믿기 어려운 장면이긴 했다. 난 친구들에게 허풍쟁이로 남기 싫어서 그날 일을 더는 꺼내지 않았다. 그런데 어른이 되고 50대가 지나서 1976년 12월 5일에 봤던 그 집이 다시 떠오르는 계기가 생겼다. '토막집' 자료를 접하면서다.

도시 탐사를 위해 자료를 찾던 중 '토막민'과 '토막집'에 대해 알게 되었다. 토막집은 일제강점기에 서울 등 도시에 모여든 빈민이 살던 집을 말하는데 이러한 주거 공간에 사는 이를 토막민이라 했다.

일제강점기의 도시를 연구한 문헌들에서 토막집과 토막민이 자주 언급된다. 이들 문헌을 참고하면, 토막집은 '땅을 판 구덩이를 벽으로 삼고 지붕은 거적 등으로 가리는 원시 주택의 형태'라 정의할 수 있다.[11] 1930년대에 들어서며 경성에서 토막촌이 늘어나기 시작했는데 후암동과 도화동, 신당동과 북아현동, 그리고 서대문 일대와 홍제동 등에 토막촌이 형성되었다고 한다.[12] 1935년의 한 신문 기사는 당시 경성부에 약 2만 명의 토막민이

---

11 염복규,『서울의 기원 경성의 탄생』, 이데아, 2016, 303쪽.
12 유승희,「1920년대~1930년대 경성부 주택정책의 전개와 대책」,『아태연구』
    제19권 제2호, 경희대학교 국제지역연구원, 2012, 154-157쪽.

있었고 매년 천 명 이상 증가한다고 전했다.[13]

　이런 자료들을 접하자 난 개나리아파트로 이사한 날 목격했던 그 집이 떠올랐다. 관련 자료를 참고하면, 토막집은 '땅을 판 구덩이에 거적 등으로 하늘을 가리는 구조'인데 그날 내가 본 집이 딱, 그런 형태였다. 그날 내가 본 게 맞는다면 1976년 12월 서울에, 그것도 강남에 토막집과 토막민이 있었다.[14] 하지만 이를 뒷받침할 만한 문헌자료는 찾을 수 없었다. 과거 신문을 싹 뒤져도 강남땅에 토막민과 토막집이 있었다는 기사는 눈에 걸리지 않았다. 그런데 증언은 들을 수 있었다. 2022년 11월 어느 날 역말 도당제 현장에서였다. 역말 도당제는 지금의 도곡동에 있었던 전통 마을인 역말에서 지내는 마을 제사를 말한다.

　매년 가을 역말 도당제가 열리면 과거 역말에서 살았던 주민들이 모인다. 그야말로 강남 토박이들인데 과거 개나리아파트 일대가 농경지였을 때 그 주변에서 농사짓던 이들도 있었다. 이날 난 역말 사람들에게 궁금했던 걸 물었고, 그들이 기억하는 이야기를 들을 수 있었다. 혹시 강남 일대에 토막집이 있었느냐는 질문도 여럿에게 던졌다.

　역말 사람들은 토막집이라는 표현을 쓰진 않았지만 역삼동 일대에 아파트 공사가 진행될 때 외지에서 들어와 움막을 짓고

---

13 「경성에 산재한 토막민 오천호에 이만명」, <동아일보>, 1935. 10. 20.
14 토막집은 판잣집 등 이른바 불량주택과는 다르다. 일제강점기부터 지금에 이르기까지 행정당국에서 바라보는 '불량주택'은 벽체와 지붕 마감이 있는 판잣집 등의 주택의 형태로 관계 당국의 허가를 받지 않고 건축한 것을 의미한다.

날품을 판 이들이 더러 있었다는 이야기를 들려주었다. 더 확실한 이야기는 없었지만, 그날 내가 본 게 맞을 거라며 공감해 주었다.

그리고 친구 이대종도 토막집을 봤다고 증언했다. 대종은 전북 고창에서 서울로 와 언주국민학교에 다녔다. 1978년에 6학년이었던 대종은 도곡아파트에서 살았는데 등교할 때 아파트 옆 매봉산을 넘어 독구리를 지나 학교로 갔다고 한다. 그러다 독구리에서 움막을 봤다고. 나는 "혹시 구덩이를 파고 거적 같은 걸로 하늘을 가리지 않았더냐?"라고 물었다. 대종은 "네가 그걸 어떻게 아냐?"라고 되물었다. 1976년 12월에 내가 목격한 장면을 들려주었다. 대종은 자기가 본 모습과 거의 같다고 했다.

이 책을 쓰는 2024년 9월 어느 날, 대종과 나는 1970년대 말 강남의 역삼동과 도곡동에서 본 토막집과 토막민을 목격한 경험을 공유했다. 그리고 내가 본 그날의 광경이 헛것이 아니었단 걸 확실히 확인했다. 대종과 이야기를 나눈 후 독구리 경로당의 이종대 어르신을 만나 토막집에 관해 물어봤다. 그는 "많진 않았다."라고 대답했다. 다만, 독구리 주민 중 땅을 빌려 농사짓는 이들은 무척 가난했다고 술회했다.

그렇다면 1976년 12월 5일에 내가 본 아이네 가족들은 어디로 갔을까. 사실 한국에서 도시 빈민은 눈에 보이지 않는 곳으로 옮겨진 적이 많다. 서울의 불량주택, 즉 판잣집에 사는 빈민들은 치워지기 일쑤였다. 높으신 양반들의 눈에 띄지 않도록. 서울 도심에서 서울 외곽으로, 때로는 광주대단지처럼 경기도로.

1960년대나 70년대 초반까지만 해도 강남 지역은 서울의 외곽이었다. 그래서 철거민들의 정착촌이 들어서기도 했었다. 앞에서 이야기한 서초구 내곡동의 '샘마을'이 그랬다. 그런데 개나리 아파트 인근 토막집에 살던 그 아이네는 자발적으로 떠났을까? 아마도 어디론가로 치워졌을지 모른다. 토막집이지만 그들의 보금자리였던 자리에 쇼핑센터를 지어야 하는 건설회사에 의해. 혹은 신도시가 조성되는 강남에 어울리지 않는다고 여긴 국가에 의해. 그들은 다른 곳으로 옮겨져 어떤 삶을 살았을까. 아마도 예전과 비슷한 수준의 삶을 살았을 게 분명하다. 한국에서 계층 상승은 아무나 오를 수 있는 사다리 같은 게 아니니까.

[기러기집과 야학의 아이들]

　도곡동에 고아들이 모여 사는 집이 있었어. 이런 이야기를 하면 사람들은 거의 다 믿기 어렵다는 표정을 짓는다. 그리고, 어릴 적에 강남에 살았다고 하면 대개 '부잣집 출신이군!' 하는 반응을 보인다. 사람들이 생각하는 강남은 대체로 부유하고 화려한 모습인 거 같다.

　사실 강남에 부자들만 사는 건 아니다. 원룸이나 다가구주택에서 월세로 사는 주민들도 있고 재개발 소문이 분분한 판자촌도 있다. 과거에도 마찬가지였다. 1970년대와 80년대를 돌아보면 주변에서 가난한 가정이 눈에 많이 띄었다. 심지어 움막 같은 집에서 사는 이들도 있었다. '기러기집' 가족들처럼.

　기러기집은 고아들이 사는 집이었다. 그렇다고 보육원은 아니다. 한 성인 남자가 고아들과 가족이 되어 함께 사는 가정이었는데 1970년대 여러 신문에 소개되었다. 이들 가족의 인연은, 고아 출신의 시내버스 운전사인 김영환 씨가 뚝섬에 살 때 길에 버려진 아이를 하나둘 거두면서 시작되었다고 한다. 그렇게 남자

아이 열한 명까지 늘어나 1970년대 초반 도곡동으로 이주해 움막을 짓고 살게 되었다고.[15]

이주 당시 이들이 자리 잡은 도곡동 일대는 한적한 야산이었지만 강남이 개발되며 움막 주변으로 아파트 단지가 들어서게 되었다. 기러기집을 다룬 신문 기사들에 나온 사진을 보면 움막 뒤로 아파트가 보인다. 이들이 사는 집은 비닐하우스 혹은 군부대 막사처럼 생겼는데 실내는 맨땅에 비닐장판을 깔았다고 한다.

1980년 8월 9일 <동아일보>에 실린 기러기집 기사.

시내버스 운전사 월급으로 열한 명의 아이를 건사하는 건 힘든 일이었을 것이다. 강남구청 직원이 아이들을 보육원에 보내든

---

15 「기러기 가족 봄이 오면」, <경향신문>, 1978. 02. 07.

지 아니면 입양을 보내라고 강권하기까지 했다고. 기러기집에 사는 아이들은 도곡국민학교에 다녔다. 나와 같은 학교 출신이다. 신문 기사들에 이들의 인적 사항이 나오는데 가장 나이 많은 아이가 나보다 세 학년 아래였다.

도곡국민학교 동창들에게 물어보니 기러기집을 기억하는 친구들이 꽤 있다. 기러기집 아이 중 제일 큰애가 자기 남동생과 같은 반이었다는 친구가 있는가 하면, '쟤네들이 기러기집 아이들이야.' 하고 수군대던 상황이 떠오른다는 친구도 있었다. 아파트 아이들과 비교되는 외모와 스타일이었다며.

기러기집 사연이 실린 어느 기사를 보니 권투 선수가 되고 싶다는 아이가 있었다.[16] 몇 년 후 기사에서 이 아이는 어느 고등학교에서 야구선수로 활약하고 있었고, 동갑인 다른 아이는 공고 3학년생으로 대기업 입사를 준비 중이었다.[17] 신문 기사로만 보면 기러기집 아이들은 기러기 아빠의 보살핌 아래 잘 자라고 있었다.

기러기집이 신문에 등장하는 건 사연이 특별해서겠지만 이들이 사는 집이 도로 공사가 예정된 구간에 자리했기 때문이다. 사실 기러기집은 무허가로 지은 건축물이어서 철거 대상이기도 했다. 동창들 기억을 종합해 보면, 지금의 한티역 7번 출구 앞 필지에 기러기집이 있었는데 그 일대에는 다른 움막도 여럿 있었다. 결국 기러기집은 헐렸고 옛 움막에서 그리 멀지 않은 곳에 블록

---

16 「고아 출신 운전사 기아 키우며 오순도순」, <동아일보>, 1980. 08. 09.
17 「기른 정 보은 카네이션 11송이 가슴에」, <경향신문>, 1987. 05. 08.

벽돌로 집을 짓게 되었다.[18] 그 후 시유지에 땅을 얻어 집을 마련하기도 했고,[19] 90년대에는 개포동 일원으로 옮긴 듯하다. 어느 봉사단체의 활동을 다룬 신문 기사에서 개포동의 기러기집을 방문했다는 소식을 접했다.[20]

이렇듯 기러기집 가족들은 도곡동의 움막이 헐린 후 역삼1동의 블록집을 거쳐 나중에는 개포동으로 이주했다. 강남이 개발되는 진도에 따라 이곳저곳으로 부유하는 모습이 눈에 보이는 듯하다. 하지만 90년대 이후 기러기집 가족들의 행적은 더는 신문 기사에 등장하지 않는다. 한편 기러기집의 가장, 기러기 아빠 김영환 씨는 도곡동 움막에서 살면서 동네의 불우한 청소년들에게 정비 기술을 가르쳤다고 했다.[21]

사실 도곡국민학교 동창 중에는 가난 때문에 중학교 진학 여부를 고민하던 여자아이가 있었다. 이 고민을 털어놓자 가까운 친구들이 함께 울어주던 모습이 떠오른다. 이 장면을 기억하는 동창을 찾을 순 없었지만 진학하지 못할 형편의 아이가 있었단 걸 기억하는 친구들은 있었다.

이 사례가 아니더라도 1970년대와 80년대 강남에는 경제적 이유 등으로 상급 학교에 진학하지 않고 직업 전선에 뛰어든 청소년들이 꽤 있었던 것으로 보인다. 이들을 대상으로 하는 야학

18 「기러기 가족에 엄마 손길 4년」, <동아일보>, 1980. 09. 09.
19 「기른 정 보은 카네이션 11송이 가슴에」, <경향신문>, 1987. 05. 08.
20 「음지의 이웃과 사랑 나누기」, <경향신문>, 1991. 06. 10.
21 「기러기 가족 봄이 오면」, <경향신문>, 1978. 02. 07.

이 있었던 걸 보면 그렇다. 내가 다니던 청운교회 옆에 야학이 있었다. 청운교회는 강남세브란스병원에서 도곡로 건너편, 그러니까 역삼동 개나리아파트와 영동아파트의 서쪽 주택가에 있다. 청운교회 바로 옆에는 '역삼동 아동회관'이 있었는데 어린이공원에 건물이 함께 있는 구조였다. 지금의 '역삼장미공원' 자리다.

아동회관 건물 지하에는 야간학교가 있었다. '동화 청소년교육관'. 대학생들이 학교 밖 청소년들에게 중학교 과정을 가르치는 학교였다. 혹시 관련 자료나 신문 기사가 있을까 해 뒤져보니 1983년 2월에 나온 기사가 있었다.[22] 이 기사에 따르면, 1970년에 불우한 청소년들을 위해 설립된 이 학교에는 1983년 당시 구두닦이, 신문배달원, 그리고 가정부 등 50여 명의 청소년이 재학했다. "역삼동 일대의 불우 청소년들"이라는 표현이 눈에 띄는 기사였다.

블로그에도 동화 청소년교육관에서 학생을 가르쳤던 이가 남긴 글이 있었다. 1972년과 73년에 이 학교 교사였다는 한 블로거는 당시 신당동의 한 예식장 건물 안에 '성동구 청소년교육관'이라는 이름으로 있었다고 회고했다.[23] 다른 블로그에는 1978년과 79년에 10기를 가르친 교사의 글이 있다. 신당동에서 역삼동으로 이전하며 '동화 청소년교육관'으로 이름을 바꾼 이

---

22 「향학의 대열에 불우 없다. 강남구 역삼동 동화 청소년 교육관」, <경향신문>, 1983. 02. 03.
23 「야학(청소년 교육관)의 추억」, 네이버 블로그(https://blog.naver.com/seel48/222926629587)

학교에는 한 기수에 40명에서 50명이 있었고, 대부분 검정고시에 합격했다는 내용이었다.[24]

위의 신문 기사가 나온 1983년 기준, 동화 청소년교육관은 500여 명의 졸업생을 배출했고, 서울대, 이화여대 등 대학에 30여 명이 진학했다고 한다. 거쳐 간 교사만도 이백여 명이었다고. 당시 신문 기사들을 종합하면, 동화 청소년교육관은 1989년까지 역삼동에서 학생을 모집했고, 1990년부터는 아현감리교회로 교육 장소를 옮겨 '동화 야학'이라는 간판을 내걸었다.

무슨 사정이 있어서 역삼동에서 아현동으로 옮겼을까. 그나마도 1990년대 중반에 문을 닫았다. 1997년 어느 야학에 관한 소식을 다룬 신문 기사에서 동화야학 등 사정이 나빠진 여러 야학이 문을 닫았다는 소식을 함께 전했다.[25] 90년대 중반 들어 근로청소년이 줄어든 한편으로 교육에 대한 기회가 많아졌다는 사회 분위기를 전하기도.

이런 사연이 깃든 동화 청소년교육관에 내가 아는 얼굴의 아이가 다녔다. 중학교 1학년이었던 1979년의 어느 날, 동화 청소년교육관으로 들어가는 그 아이와 난 마주쳤다. 그 아이도 나를 본 거 같은데 아는 체하질 않았다. 그 아이와 난 이름을 알 정도의 사이는 아니었고 얼굴 아는 정도의 친분이 있었다. 아마도 동

---

24 「1978-1979 어두운 시절…」, 네이버 블로그(https://blog.naver.com/openawindow/221407555345)

25 「대신야학 교사들, 지식을 가르치고 삶을 배웁니다」, <한겨레>, 1997. 02. 21.

네에서 오다 가다 안면을 익힌 인연이었을 것이다. 그래서 그곳이 무엇을 하는 장소인지 궁금해 알아봤던 기억이 있다.

그 아이는 교복을 입고 있었다. 그 시절 남자 중학생들보다는 긴 머리였지만 교모까지 썼다. 여학생들도 교복을 입었다. 그렇게 동화 청소년교육관 학생들은 저녁 무렵 학생복을 입고 등교했다. 기사에서 언급한 것처럼 수십 명은 돼 보였다.

'그 아이는 중학교에 진학하지 못한 거였을까 아니면 중학교를 도중에 관둔 거였을까.' 당시 이런 생각을 했던 거 같다. 어른이 되어 강남 일대를 탐사하면서 간혹 청운교회 근처를 지날 때면 동화 청소년교육관을 떠올리곤 한다. 그 아이는 어떤 어른이 되었을까 하고. 이 글을 쓰면서 기러기집 아이들은 어떻게 자라났을지도 궁금해졌다. 강남 개발에 떠밀려 점점 구석으로 간 거 같은데 어디까지 밀려갔을까.

[어쩌면 최초의 고독사   ]

쓸쓸한 죽음이 있었다. 아무도 모르게 죽어 시신이 부패해 냄새가 풍길 즈음에야 주변에서 알게 된 죽음이었다. 휘문고등학교 2학년이었던 1983년 어느 날 아모레 아줌마가 방문했다. 고향이 가까워 어머니와 친하게 지낸 그녀는 화장품을 방문 판매하며 들은 동네 이야기를 어머니에게 전하곤 했다.

그날 아줌마가 들려준 이야기는 끔찍했다. 어느 아파트에서 사람이 죽은 채 발견되었는데 시신이 부패하는 냄새 때문이었다고 했다. 그런데 시신이 발견되고 하루가 지난 후에도 악취가 여전하더라며 몸을 부르르 떨었다. 경찰 조사 때문에 현관을 열어놓은 채로 놔두었더니 온 아파트에 그 냄새가 퍼져서 가시지 않고 있다며. 아줌마는 며칠 전부터 그 집에서 이상한 냄새가 새어나왔다는 동네 사람들의 말을 전하기도 했다. 악취를 참다 못해 경비원을 시켜 문을 따보게 했다면서.

어머니와 아줌마가 거실에서 이야기를 나눌 때 난 식탁에서 밥을 먹고 있었다. 거실에서 들려오는 이야기에 냄새도 함께 풍

겨오는 느낌이었다. 구역질이 올라오더니 먹은 걸 다 토해버렸다. 속도 마음도 불편했다. 사람이 혼자 살다가 죽으면, 만약 이웃과 왕래가 없으면, 시신이 부패해 냄새가 퍼질 지경이 되어서야 주변에서 알게 되는 현실을 고등학생이 이해하기는 어려웠지만, 쓸쓸한 죽음이었단 건 알 수 있었다.

어머니도 안타까워했다. '어떻게 옆집 사람이 죽었는데 모를 수가 있노. 냄새가 그리 나는데 말이다.' 어머니는 아마도 이런 혼잣말을 오래도록 되뇌었을 것이다. 어머니는 한국전쟁 당시 간혹 맡았던 그 냄새가 잊히지 않는다고 했다. 6·25전쟁 때 시체 냄새 맡아본 사람이라면 절대 잊을 수 없을 것이라며. 우리 가족은 당시 경북 상주의 낙동강이 보이는 동네에서 살았다.

기억 서랍 속에 저장된 비극을 다시 꺼내게 된 건 예전 신문 기사 덕분이었다. 강남의 사건 사고를 과거 신문 기사 데이터베이스에서 검색하는데 '열흘 만에 발견'으로 시작하는 기사 제목이 눈에 띄었다.[26] 나의 기억 속 그 쓸쓸한 죽음을 전하는 기사였다. 그런데 지금과 달리 사망자의 이름과 주소는 물론 그가 어떤 삶을 살았는지도 기사에 나왔다. 60대인 이 남자가 살던 곳은 신도곡아파트였고,[27] 그의 직업은 어느 영자 신문사의 간부였다. 오래전 이혼 후 혼자 살며 술과 담배를 즐겼던 그는 고혈압 환자이기도 했다고.

---

26 「열흘 만에 발견 60대 독신 심장마비로 숨져」, <경향신문>, 1983. 06. 21.
27 지금의 한티역 사거리 인근, 당시 도곡아파트 북쪽, 그랜드백화점 서쪽에 있던 아파트. '역삼2차아이파크'가 신도곡아파트를 재건축하고 들어선 아파트다.

기사에서 쓰인 "심한 외로움 속에서" 지냈다는 표현이 유독 눈에 걸렸다. 이 기사를 읽다 보니 오래전 어느 60대 남자의 죽음이 오늘날 고독사 현장과 겹쳐 보이는 면이 있었다. 이름부터 외로운 '고독사'는 혼자 살다 혼자 죽음을 맞이했는데 죽은 사실이 뒤늦게 알려진 죽음을 의미한다.

한국 언론에 '고독사'라는 단어가 본격적으로 등장한 건 1996년경으로 일본 한신 대지진 후 가설 주택에서 혼자 살다 사망하는 노인들 사례를 전한 기사였다.[28] 1999년경에는 고령화 현상으로 일본에서 고독사가 늘어나고 있다는 소식을 전하는 기사가 있었다.[29] 그런데 고독사 현장은 일본이나 한국이나 비슷한 모습인 것 같다. 월세가 여러 달 밀려 찾아간 집주인에 의해 발견된다거나, 시신이 부패하는 냄새 때문에 이웃이 신고해서 발견되는 식이다. 1983년 신도곡아파트에서 발견된 죽음 또한 그랬다.

사실 난 고독사 현장에서 벌어지는 상황을 목격한 경험이 있다. 내가 사는 분당의 한 주택가에서였다. 2023년 초 어느 날 퇴근하는데 마을버스 정류장 맞은편 건물 앞에 경찰과 119구조대가 와 있었다. 1층에는 점포들이 있고 2층에서 4층, 그리고 지하에 사람이 거주하는 건물이었다. 잠시 후에는 구급차까지 왔다.

---

28 「한신대지진 1년 좀체 아물지 않는 상흔」, <한겨레>, 1996. 01. 17.
29 「일(日) 노인 고독사」, <동아일보>, 1999. 09. 12.

뭔가 사고나 사건이 벌어진 게 분명했다.[30]

출동한 이들이 향한 곳은 지하였다. 이 장면을 함께 지켜보던 맞은편 건물의 편의점 주인은 "편의점에 담배 사러 오던 어느 남자가 혼자 사는 집"이라고 했다. 순찰차와 구조대가 보여 "혹시 그에게 무슨 일이 생긴 건 아닐까?" 하는 느낌이 들었다고. 요 며칠 얼굴 보지 못한 게 찜찜했다면서.

지하에서 문 두드리는 소리가 울렸다. 가족이 왔는지 이름을 부르는 소리도 들렸다. 구조대원이 트럭에서 공구함을 꺼내 지하로 내려갔다. 뭔가를 내려치는 금속성이 울렸다. 그리고 문 열리는 소리도…. 결국, 안타까운 일이 내가 사는 동네의 한 건물 지하에서 벌어졌다.

편의점 주인은 동네에서 폐지나 공병 줍는 노인들을 유심히 살피던 이였는데 손님이었던 사람이 잘못돼 한동안 충격에서 헤어 나오지 못했다. 나 또한 마음이 좋지 않았다. 그런데 내가 사는 동네에서 벌어진 이 고독사는 그 어떤 언론 매체에서도 관심 받지 못했다. 어쩌면 흔한 일상이라 뉴스거리가 되지 않았나 보았다. 그만큼 지금 우리 주변에서 고독사가 흔하게 벌어지고 있는지도 모른다.

---

30 119 구급대와 구조대는 사고가 발생한 현장에 출동하고 경찰은 사건이 발생한 현장에 출동한다. 그런데 사고 현장이 사건 현장이 될 가능성이 있으면 소방과 경찰이 함께 출동한다. 고독사 현장은 최초 발견 시 변사 사건이기도 해 사망 원인을 수사하기 위해 경찰이 출동한다.

만연한 현상이 되어서일까, 우리나라는 '고독사'를 법으로 정의하고 관리한다. 2020년에 제정된 「고독사 예방 및 관리에 관한 법률」에 의하면, 고독사는 '가족, 친척 등 주변 사람들과 단절된 채 홀로 사는 사람이 자살·병사 등으로 혼자 임종을 맞고, 시신이 일정한 시간이 흐른 뒤에 발견되는 죽음'을 말한다.

　　이 법률에 명시된 근거에 따라 2022년 보건복지부는 과거 5년간의 고독사 실태를 조사해 통계를 냈다. 2017년 2,412명, 2018년 3,048명, 2019년 2,949명, 2020년 3,279명, 그리고 2021년에 총 3,378명이 고독사로 사망했다.[31] 보건복지부는 2022년부터 5년 주기로 고독사 실태조사를 계획한다고 했으니 이 수치가 가장 최초이면서 2024년 현재 가장 최근 자료이기도 하다. 통계로만 보면 고독사는 매년 증가하고 있다.

　　고독사는 어쩌면 '고립사'일 수도 있다. 고독과 고립은 비슷하게 느껴지지만, 사회학에서 고독은 '주관적' 개념으로, 고립은 '객관적' 개념으로 본다.[32] 타인과 교제가 부족하고 기피 감정을 느끼는 '고독'과 가족이나 지역 사회와 접촉이 없는 '고립' 혹은 '사회적 고립'은 그 어감은 물론 접근 방법 자체가 다르다. 그래서 '고독사'가 사망 당시 느꼈을 개인의 감정이 강조된 죽음이라면 '고립사'는 사회 서비스 측면에서 사회안전망의 보호를 받지

31　보건복지부, 「2022년 고독사 실태 조사」, 2022. 12. 14.
32　정은주·정봉현, 「고립사와 사회적 배제에 관한 도시 공간적 접근」, 『도시행정학보』 제30집 제2호, 한국도시행정학회, 2017, 134쪽.

못하고 사망에 이르는 죽음을 말한다.[33]

이런 관점에서 1983년 강남구 역삼동의 신도곡아파트에서 발견된 죽음은 어쩌면 최초로 한국 언론에 알려진 고독사이면서 고립사였는지도 모른다. 그러고 보면 강남은 부동산 열풍뿐 아니라 쓸쓸한 죽음이 시작된 곳이 되기도 했다.

---

33 위 논문, 132-134쪽.

[어느 넝마주이의 죽음   ]

고독사 못지않게 외로운 죽음이 있었다. 그날 나는 '넝마주이가 죽었데이!' 하는 어머니의 탄식 소리에 잠에서 깼다. 고등학생 시절 어느 이른 아침이었다. 새벽기도 가는 길에 어머니는 소방차 소리를 들었는데 넝마주이의 집에 불이 난 거였다고 했다. 어머니가 여러모로 챙겨주던 이였다.

넝마주이가 살던 집은 영동아파트와 진달래아파트 사이의 공터에 있었다. 출석하는 교회가 멀어 어머니는 내가 다니는 청운교회로 새벽기도를 다녔는데, 이 공터 앞을 지나야 했다. 그랬던 어느날, 공교롭게도 어머니가 새벽기도 가는 그 시간에 화재가 발생한 거였다.

넝마주이는 폐품을 수집하는 사람이다. '넝마'는 헤져서 못 입는 옷이나 못 쓰게 된 이불을 말하는데 커다란 망태기를 등에 지고 다니며 폐품을 주워 담는 사람을 '넝마주이'라 불렀다. 넝마주이를 천대하며 '양아치'라 하거나 망태기를 지고 다녀 '망태아저씨'라 부르기도 했다. 그래서 말 안 듣는 어린이들에게 '망태

아저씨가 잡아간다.'라며 어른들이 겁박하던 시절도 있었다. 그 시절 넝마주이는 사람들이 피하고 싶은 대상이었다. 특히 아파트 주민들이 마주치기 싫어했다.

그런데 아무리 아파트에서 우아하게 살아도 버리는 물건은 나오기 마련. 개나리아파트가 활동 구역인 이 넝마주이는 새벽마다 들러 폐품을 수거했다고 한다. 그러던 어느 날 새벽기도에서 돌아오는 어머니와 마주쳤을 것이고, 마침 집에 버릴 물건이 있던 어머니는 넝마주이와의 인연을 시작할 수 있었을 것이다. 그날 이후 어머니는 이 넝마주이를 만날 때면 살갑게 대하며 교회에 다니라 권면했다고 한다. 어떻게 집을 알아냈는지, 김치 등속을 그가 사는 집에 놓고 오기도 했다고. 어머니는 이런 자초지종을 내게 털어놓곤 했다.

이런 기억도 있다. 언젠가 청운교회에서 부흥회가 열린 날이 있었는데 나는 어머니와 함께 참석했다. 고등학생 시절의 나는 나름 독실한 개신교 신자였다. 교회 가던 길에 어머니는 공터를 가리키며 '저기에 넝마주이가 살아.'라고 했다. 하지만 난 갸우뚱했다. 내 눈에는 집 따위가 없는 것으로 보였으니까. 그냥 폐자재들이 쌓여 있고 잡초가 무성한 공터였다. 그런데 어머니가 일러준 대로 구석빼기를 살펴봤더니 집으로 보이는 형태가 있긴 했다. 넝마주이가 살던 집은 번듯한 건축물이 아니라 판잣집 혹은 움막에 가까운 가건물이었다.

넝마주이는 역삼동에 아파트 단지가 들어선 무렵부터 그 공터에서 살고 있다고 했는데, 그날 새벽에 불이 난 거였다. 두 명이 사는 집에서 두 명이 죽어 나갔으니 그 사람도 죽었을 거라며 어머니는 마음 아파했다.

화재 사고 후 다음 일요일, 교회에 갈 때 보니 공터에 화재 흔적이 남아 있었다. 거기서 사람이 죽어 나갔다. 어머니가 이야기한 그 넝마주이를 직접 본 적은 없었지만, 왠지 난 아는 사람이 죽은 것 같단 느낌이 들었다. 그때가 1984년이었고 난 고3이었다.

40년 전의 일이 다시 떠오른 건 역삼동 일대를 답사하면서부터였다. 2024년 초만 하더라도 옛 영동아파트와 옛 진달래아파트 사이에는 옛 공터의 흔적이 남아 있었다. 이 공터에는 1994년에 빌라 여러 동이, 그리고 1998년에는 노인복지센터 건물이 들어섰지만, 주변에는 건축물 사용승인 일자를 확인할 수 없는 가건물도 여전히 있었다. 종합공사업체와 수선집, 그리고 카센터가 입점한 가건물이었다. 과거 이 공터에 넝마주이가 살던 가건물의 모습을 떠올리게 하는 그런 정경이기도 했다.

그랬던 곳이 2024년 여름, 가림막이 쳐진 재건축 현장이 되어 있었다. 옛 공터뿐 아니라 주변 필지를 포함하는 대규모 공사 현장이었다. 가림막이 쳐지기 전 공터 옆 필지에는 1970년대에 건축된 주택과 상가 건물들이 있었다. 지난 몇 년 이 일대를 답사할 때마다 난 사진을 찍곤 했는데 재건축될 줄 알았더라면 더 꼼꼼히 담아둘 걸 그랬나 하는 후회가 들었다.

그렇게 재건축 현장이 된 옛 공터 일대를 돌아볼 때면, 고3 시

1977년 역삼동 영동아파트 일대 항공사진. 아
래 보이는 공터에 70년대부터 가건물이 있었다.
ⓒ국토지리정보원

절 어느 이른 아침 '넝마주이가 죽었데이!' 하며 슬퍼하던 어머니의 얼굴이 나는 떠오르곤 했다. 혹시 당시의 화재 사건이 신문에 실렸는지 검색해 보았다. 그런데 넝마주이를 검색하니 '재건대원'이 자꾸 언급된다. 넝마주이가 재건대원으로 불린 것이다. 넝마주이 조직의 공식적 명칭, 즉 행정적 명칭은 '근로 재건대'였다.

근로 재건대는 1962년에 조직되었다. 쿠데타로 집권한 정부가 서울시의 넝마주이들을 지역별 조직으로 편성하며 이름도 바꾼 것이었다. 이들은 서울시에서 지정한 유니폼을 입어야 했고 숙소에서 공동생활을 해야 했다.[34] 게다가 재건대원은 담당 구역 경찰서의 관리 아래에 있어야 했고, 지정된 폐품 처리 업체와 거래해야 하는 제약이 있었다.[35] 사회에 필요한 일을 하면서도 재건대원은 감시와 통제를 받아야 하는 사회적 기피 대상이었던 것이다. 합숙소를 떠나 생활해도 경찰의 감시 대상인 건 마찬가지였다고. 화재로 죽은 넝마주이들도 그랬을 것이다.

'재건대원'과 '화재'로 검색하니 그날 새벽의 화재를 다룬 신문 기사를 찾을 수 있었다.[36] 재건대원 두 명이 영동아파트 앞 빈터에 난 화재로 사망했다는 사건 개요와 목격자 증언이 들어간 두 문장짜리 단신이었다. 이들은 두 평짜리 가건물에 살았다.

34 「근로재건대로 발족」, <경향신문>, 1962. 05. 14.
35 「경찰 지정 고물상 횡포 잦아 응달서 시달리는 재건대 넝마주이」, <동아일보>, 1974. 03. 06.
36 「빈터 가건물에 불 두 재건대원 숨져」, <경향신문>, 1984. 03. 05.

아파트의 밝은 불빛이 닿지 않는 곳에서 죽어 나간 이들이 있는가 하면, 아파트라는 새로운 주거 공간이 생기며 도입된 신문물 때문에 발생한 죽음도 있었다. 아파트로 처음 이사했을 때 신기한 장치가 하나 있었다. '곤돌라'였다. 지금은 스키장이나 관광지 등에서 사람을 실어 나르는 용도로 많이 쓰이지만 1970년대와 80년대에 곤돌라는 이삿짐을 나르는 용도로 쓰였다. 곤돌라는 옥상과 지상을 연결한 케이블을 이용해 오르내리는 운송 장치를 말한다. 원래 고층빌딩 외벽을 청소할 때 쓰였는데 고층아파트가 들어서며 이삿짐 운반 용도로도 쓰게 되었다. 사다리차가 나오기 전까지는.

초등학교 5학년이었던 1977년 개나리아파트에 고층아파트가 새로 들어섰다. 곤돌라의 활약도 시작됐다. 그런데 당시 아파트 곤돌라는 옥상과 연결된 케이블을 지상의 작업자들이 힘 조절하며 곤돌라의 균형을 맞추는 방식이었다. 고되고도 위험한 노동이었다. 그래서 사고가 생기곤 했다. 신문에 실린 최초의 곤돌라 추락 사망 사고는 1979년 12월 반포동 아파트 단지에서 발생했다.[37] 다음 해에는 우리 동네 근처에서도 사고가 터졌다. 1980년 12월 강남세브란스병원 옆 서린아파트에서.[38]

희생자는 이삿짐센터 직원인 스물한 살 남자였다. 이 청년은 그날 곤돌라를 타고 지상과 아파트 9층을 오르내리며 짐을 날랐다. 그러다 곤돌라 안전 고리의 핀이 빠져 곤돌라와 함께 추락해

---

37 「아파트서 이삿짐 나르던 인부 곤돌라서 추락 숨져」, <조선일보>, 1979. 12. 18.
38 「곤돌라 떨어져 인부 추락 사망」, <조선일보>, 1980. 12. 27.

그 자리에서 숨을 거뒀다. 이 사고를 다룬 신문 기사에는 사고 경과만 짧게 실렸는데 하도 짧아 행간의 의미를 찾기도 어려웠다. 하지만 모든 죽음에는 원인이 있고 사연도 있는 법이다. 사고로 죽은 이는 이삿짐을 나르는 스물한 살 청년이었다. 위험하지만 곤돌라에 올라야 했던. 오늘날 안전하지 않은 일터로 떠밀려 다치거나 죽어 나가는 이들의 얼굴이 겹쳐 보였다.

이 젊은이의 죽음은 어떻게 '처리'되었을까? 확인할 수 없었다. 하지만 그때나 지금이나 죽음의 책임을 남에게 떠넘기는 건 똑같지 않을까. 재건대원이나 이삿짐 나르는 청년처럼 강남 발전 과정에서 불의의 사고로 죽어 나간 외부인들은 또 있었을지도 모른다. 쉬쉬하고 묻어버려 우리가 모르는 그런 죽음들이. 오늘날에도 물론이고.

[　보호수 실종 사건과 독극물 테러 사건　]

　　범인을 잡지 못한 실종 사건과 독극물 테러 사건이 강남에서 벌어졌다. 다만 사람이 희생자는 아니었다. 나무들이었다. 첫 번째 희생자, 아니 희생목은 '논현동 자작나무'로 불린 고목이었다. 내가 이 나무의 존재를 알게 된 건 드라마 〈이상한 변호사 우영우〉에 등장한 '소덕동 팽나무' 덕분이었다. 드라마 속 장면은 어린 시절에 강남에서 본 고목들을 떠오르게 했다. 내가 역삼동 개나리아파트에서 살던 1970년대와 80년대 강남 일대에는 오랜 역사를 가진 전통 마을과 그 세월을 함께한 고목들이 꽤 있었다.

　　이 마을들과 고목들 소식을 알아보려고 포털에서 이런저런 검색어로 검색해 보았다. 이 과정에서 1972년 한 일간지에 실린 논현동 자작나무 기사가 눈에 띄었다.[39] 육백 년 넘게 논현동 언덕배기를 지켜온 이 자작나무에 깃든 전설이 흥미로웠다. 자작나무를 안고 춤을 춘 과부는 개가할 수 있었고, 자작나무 앞에서

---

39 「그 전설과 관리 실태 서울 논현동 자작나무」, 〈중앙일보〉, 1972. 08. 14.

소원을 빈 이들은 소원성취했다는. 그래서 논현동 자작나무는 성사목(成事木)으로 유명했다고 한다.

혹시 다른 신문에도 논현동 자작나무 기사가 실렸는지 뒤져보았다. 다음 해인 1973년 식목일에 나온 기사가 있었다.[40] 수령 육백 년의 이 자작나무는 높이 18m에 Y자 모양으로 생긴 거목이라고 소개했다. 이 기사에는 논현동 자작나무의 사진도 수록되었는데 굵은 밑동에 가지들이 멋지게 흐드러진 모습이다. 작은 크기의 사진이지만 사람들이 성사목으로 섬길 만큼 신비로워 보였다. 기사에는 논현동 자작나무가 '보호수'로 지정되었다는 소식도 담겨 있었다.

1973년 <경향신문>에 실린 논현동 자작나무 사진.

40 「보호수로 지정된 서울 성동구 논현동 76 언덕에 있는 자작나무」, <경향신문>, 1973. 04. 05.

이들 기사로 미루어보면, 1970년대 논현동의 어느 언덕에는 멋지게 흐드러진 육백 살 넘은 자작나무 한 그루가 있었다. 하지만 나는 지난 수십 년 논현동 일대를 수없이 돌아다녔어도 자작나무는커녕 다른 고목조차 볼 수 없었다. 게다가 두 신문에 게재된 이후로 논현동 자작나무를 언급하는 기사 또한 전혀 없었다. 나는 논현동에서 오래 거주한 이들에게 물어봤지만 논현동 자작나무의 존재 사실조차 아는 이가 없었다.

보호수인 논현동 자작나무는 흔적을 남기지 않고 사라졌다. '보호수'는 법으로 지정해 보호하는 나무를 말한다. 「산림보호법」에 근거해 광역 자치단체의 장이나 지방 산림청장이 지정할 수 있다.[41] 서울시의 경우 해당 보호수가 자리한 구청에서 관리한다. 그래서 보호수인 논현동 자작나무의 행방이 어떻게 되었는지 강남구청 담당 부서에 질의해 보았다. 하지만 현재로서는 알 수 없다는 답변이 돌아왔다. 강남구 창설 이전인 성동구 시절의 서류는 확인하기 어렵다고 했다.

결국 논현동 자작나무의 행방을 더는 쫓지 못했다. 접할 수 있는 자료는 50여 년 전 기사 두 편이 전부였다. 전설을 간직한 육백 년 수령 자작나무의 신비한 모습은 오래전 기사에 삽입된 흐릿한 사진으로만 남았다. 그런데 문득, 혹시 항공사진에는 논현동 자작나무가 찍히지 않았을까, 하는 생각이 들었다. 논현동 일대를 촬영한 과거 항공사진들에서 옛 기사에 나온 주소로 짐

---

41 「산림보호법」 제13조, 「산림보호법 시행령」 제7조, 「산림보호법 시행규칙」 제10조 등.

작되는 영역을 확대해 보았다. 거기에 있었다.

특히 1974년 항공사진에서는 굵은 밑동에 가지들이 Y자로 뻗어나간 나무가 또렷하게 보였다. 과거 신문에 실린 자작나무 사진과 똑 닮았다. 그렇게 1977년까지 매해 논현동 자작나무를 항공사진으로 확인할 수 있었다.

하지만 1978년부터는 항공사진에서 사라졌다. 아마도 1977년과 78년 사이 어느 날, 자작나무는 뽑힌 것으로 보인다. 관련 법령에 따르면, 보호수가 죽으면 보호수 지정에서 해제된다고 하는데 그래서 뽑힌 걸까. 이후 자작나무 인근은 주택가로 변해 갔다. 오늘날 논현동의 고급 주택가가 그곳이다. 퇴임 후 교도소에 다녀온 전 대통령이 사는 골목과 나영석 PD의 회사가 있는 골목 인근에 논현동 자작나무가 있었다.

사라진 논현동 자작나무와 달리 온갖 위협에도 불구하고 굳건히 살아남아 오늘날 아름드리 자태를 보여주는 고목도 있다. 도곡동의 역말에 있는 750년 수령의 느티나무가 바로 그 주인공이다.

두 번째 희생목이 될 뻔한 도곡동 느티나무는 어릴 적 내 기억 서랍에 저장된 고목이었다. 말죽거리의 영동중학교에 다니던 나는 역말 입구의 '도곡로'를 걸어서 등하교했고, 때로는 마을 안길을 지나기도 했다. 그때마다 말죽거리 쪽 역말 입구에 서 있는 거대한 느티나무를 한동안 바라보던 기억이 어른이 되어서도 떠오르곤 했다.

1974년과 1977년 논현동 자작나무 항공사진.
ⓒ국토지리정보원

1978년 논현동 자
작나무가 있었던 주
변 항공사진. 나무
가 보이지 않는다.
ⓒ국토지리정보원

과거 역말이 자리했던 도곡1동 일대는 오늘날 아파트 단지들로 가득하다. 하지만 강남이 신도시로 개발되어 가던 1970년대와 80년대는 물론, 1990년대까지만 해도 역말은 전통 마을의 모습을 고수하고 있었다. 도곡동의 역말이 강남 개발 과정에서 소외된 건 인구밀도가 높았기 때문이다. 역말은 과거부터 큰 마을을 이뤄 왔기에 아파트로 개발된 다른 구역에 비해 주민이 많은데다 토지 소유관계 또한 복잡하게 얽혀 있었다. 그래서 서울시가 제안한 토지구획정리사업이나 택지 개발사업을 두고도 지주들 의견이 갈려 번번이 무산되곤 했다. 게다가 세입자 보상 문제 또한 걸림돌이었다고.[42] 다시 말해, 역말에 사는 사람들의 동의를 얻기 힘들어 개발이 어려웠다는 말이다. 강남의 또 다른 전통 마을인 대치동 구마을 또한 비슷한 이유로 몇 년 전에야 대규모 재건축이 진행되었다.

개발의 어려움을 뚫은 건 역말이 강남구 도곡동에 자리한 8학군의 노른자위 땅이었기 때문이다. 즉 돈의 흐름이 개발의 물꼬를 터버린 것이다. 과거 신문 기사 등을 참고하면, 역말은 1986년경부터 재개발 사업을 추진하게 된다. 그래서인지 내가 대학생 시절인 1980년대 중후반에 역말을 지나가면 빈집이 더러 보였고 빨간 페인트로 X자가 쓰인 집도 볼 수 있었다.

하지만 역말은 그런 모습으로, 즉 재개발 소식이 소문으로만 분분하다 90년대 후반에야 정식으로 공사에 들어가게 되었다.

---

42 「역삼 재개발 아파트 강남 마지막 요지」, <조선일보>, 1990. 11. 19.

그런데 재개발 계획이 달아오르던 1995년 9월경 도곡동 느티나무는 테러로 의심되는 일을 당했다. 누군가가 느티나무에 맹독성 농약을 뿌려 고사시키려 했다는 의혹이 제기된 것.[43]

750년 수령의 도곡동 느티나무는 오래도록 역말을 지켜온 수호목이었다. 게다가 효자의 전설이 깃든 나무라며 역말 사람들이 신성시해왔다. 그래서 역말 사람들은 매년 도곡동 느티나무 앞에서 마을 제사, 즉 '역말 도당제'를 지내왔다. 그런 도곡동 느티나무는 1968년에 서울시에서 지정한 보호수였다. 하지만 개발 구역 한복판에 있는 높이 27m, 둘레 7.9m의 거대한 보호수는 재개발의 걸림돌이기도 했다. 그래서 독극물로 느티나무를 죽이려 했을 거라는 의심이 일었을 것이다.

「산림보호법」에 따르면 보호수를 "현재 있는 장소에서 안전하게 관리하여야" 하고 "보호수의 전부 또는 일부를 훼손하는 행위를" 해서는 안 된다.[44] 그러니 그 일대를 개발하려는 측에게는 눈엣가시였을 것이다. 다만 "천재지변이나 화재 등으로 인한 소실(燒失)·손상 등으로 지정 목적이 소멸되었거나 지정 목적에 미달"되어야 보호수 지정에서 해제할 수 있다.[45] 그러니까 나무가 죽어야 뽑아낼 수 있고 그 땅을 개발할 수 있다는 말이다. 논현동 자작나무와 그 주변처럼.

---

43 「테러당한 7백년 고목」, <경향신문>, 1995. 09. 21.

44 「산림보호법」 제13조의 2 '보호수의 관리 및 이전 등' 항목과 「산림보호법」 제13조의 3 '보호수에 대한 행위 제한' 항목.

45 「산림보호법」 제13조의 4 '보호수의 지정해제' 항목.

하지만 이 사건에 대한 경과를 알 수 있는 기록은 찾지 못했다. 그래도 느티나무는 살아남았다. 당시 신문 기사들을 참고하면, 이후에도 느티나무 관리를 두고 보존 측과 개발 측의 의견 대립이 있었던 것으로 보인다. 그러던 1998년 11월 아파트 건설사 측이 단지 중앙에 느티나무를 보호하는 공원을 만들겠다고 발표하며 일단락됐다.[46] 그렇게 들어선 아파트가 도곡동 경남아파트다. 오늘날 이곳에 가면 아파트 단지 한가운데에 자리 잡은 도곡동 느티나무를 볼 수 있다.

논현동과 도곡동의 보호수가 사라지거나 위해를 당한 것은 개발에 장애물이었기 때문이다. 이들 나무가 차지한 영역은 수십 제곱미터 규모의 땅이다. 논현동과 도곡동의 부동산 시세를 고려하면 아마도 작지 않은 가치일 것이다. 누군가에게는 부동산 가격만큼의 유한한 가치를 가진 나무일 테고, 누군가에게는 돈으로 환산할 수 없는 무한한 가치를 가진 나무일 테다.

한편으로는, 과거 논현동에 있었고 오늘날 도곡동에 있는 보호수는 강남에 오랜 역사의 공동체가 있었다는 걸 보여준다. 이들 보호수는 인근 마을을 수호해왔고 그곳에 사는 사람들은 영험한 고목이라며 소원을 빌어왔다. 이러한 염원들이 전설로 깃들어 오늘에 전해지기도 했다. 이들 보호수는 또한 전통을 상징하기도 한다. 강남 개발 과정에서 사라져간 수많은 전통, 혹은 주변의 눈치를 보며 명맥만 유지하고 있는 전통.

---

46 「경남 도곡동 348가구… 단지내 공원 6백평」, <동아일보>, 1998. 11. 27.

도곡동 느티나무. 도곡동 경남아파트 단지 안 공원에 있다.

[갈빗집과 가든의 상관관계]

　정원(Garden)에서 갈비 뜯는 걸 이상하다고 여긴 적 있을까? 한국인이라면 그런 적 없을 것이다. 그런데 내게 의문을 던진 외국인이 있었다. 20세기 말 직장인 시절, 미국인 고객에게 신사동 삼원가든[47]에서 저녁을 접대한 적 있다. 소갈비구이는 외국인들이 좋아하는 메뉴였고 당시 삼원가든은 최고급 식당이라는 이미지가 있어서 선택한 식당이었다.

　미국에서 온 고객이 삼원가든의 시설과 규모에 감탄하길 내심 바랐었다. 최고급 식당에서 접대하는 우리 회사의 정성을 알아주길 기대했던 것. 하지만 그는 다른 부분에 인상 깊어 했다. 식당 이름으로 가든(Garden)을 사용한 것을 신기해했다. 한국인에게는 '가든'이 갈비구이 식당 이름으로 각인되었지만, 외국인이 보기에는 이색적인 모습이었나 보았다. 공교롭게도 삼원가든은 우리나라에서 처음으로 가든형 대형 음식점을 시도한 식당이

47　강남의 유명한 갈빗집으로 넓은 면적과 다양한 조경 시설을 자랑한다. 압구정동에 있는 식당으로 알려졌지만, 사실 주소지는 신사동이다.

다. 1981년 압구정동 바로 옆 신사동에서 개업한 삼원가든은 이후에 탄생한 많은 갈비집이 '○○가든'과 같은 식당명을 쓰게 하는 데에 영향을 끼쳤다.

1980년대에 강남 일대에는 초대형 식당이 많이 들어섰다. 적어도 1천 평이 넘는 대지에 식당 건물은 물론 대형 주차장을 갖추고 연못이나 정자 등 볼거리도 함께 만든 최고급 식당이었다. 도산대로 주변의 서라벌과 늘봄공원, 그리고 신사동의 삼원가든이 대표적이다.

땅값 비싸기로 유명한 강남에 1천 평이 넘는 규모의 식당이 들어설 수 있었던 이유는 무엇일까? 여러 이유가 있었겠지만, 부동산 정책도 한몫 차지했다. 삼원가든의 창업주는 시흥과 길동에서 갈비집을 운영해 성공을 거두자 1981년 강남으로 확장 이전하였다. 음식점은 끼니를 때우는 장소라는 개념이 강한 시절이었다. 그런데 삼원가든 창업주는 '자연 속에서 편안하게 식사와 휴식을 즐길 수 있는 음식점'이라는 개념을 도입했다. 거기에 식당 이름으로는 생소한 '가든'이라는 단어를 상호로 사용하기까지 했다.[48]

창업주는 처음에는 자기 자금과 은행 융자로 식당 부지를 사들이려 했다. 하지만 80년대 초반 강남의 부동산 가격은 한창 오르는 중이라 그럴 수 없었다. 대신 땅 주인에게 1,200평을 빌려

---

48 「30년간 3240만명 찾아…2세 경영 돌입」, <이코노미조선>, 25호, 2006. 10. 30.

삼원가든을 열었다고 한다.[49] 땅을 빌려 식당을 연 건 다른 대형 식당들도 마찬가지였다.

그런데 강남 요지에 큰 땅을 소유했던 지주들은 왜 자기 땅을 개발하지 않고 남에게 임대했을까? 이들 지주에게도 사정은 있었다. 1980년대에 강남 일대의 빈 땅은 '공한지세(空閑地稅)'라는 세금을 물어야 했다. 그것도 아주 무겁게. 그래서 강남의 지주들은 세금을 물지 않기 위해서라도 자기 땅에다 뭔가를 해야 했다. 공한지세는 건축이 가능한 땅인데도 놀고 있으면 부과한 지방세다. 즉 토지를 건축 목적이 아닌 투기의 대상으로, 그러니까 땅값이 오를 때까지 기다리며 막연히 소유하는 것을 방지하기 위한 세금이었다.[50]

1983년경 나온 신문 기사 등을 참조하면, 당시 200평 넘는 빈 땅을 소유한 지주들에게 '공한지세'를 부과했다.[51] 1986년에는 중과세하기까지 했다. 공한지 기준을 한 곳의 땅이 아니라 여러 곳에 흩어져 있는 땅으로 기준을 높이고, 세금도 기존보다 열

---

49 「돈 어디로 흐르나 (10) 흥청대는 공원식 갈비집」, <동아일보>, 1983. 05. 02.
50 손정목, 『서울 도시계획 이야기 3』, 한울, 2003, 161-162쪽. 손정목은 이 책에서 공한지세를, 건축 성숙지로서 취득한 날로부터 1년 6개월이 지났거나 토지구획정리사업이나 재개발사업 대상 토지로서 구획 단위로 그 사업이 사실상 완료되어 건축이 가능한 날로부터 5년을 경과한 토지에 대해 매긴 세금이라고 설명했다. 1974년 1월 14일 대통령 긴급조치 제3호 및 제16조에 의해 처음 시행되었고, 이후 여러 차례 개정되었다. 공한지세는 1986년까지 시행되다 1987년 1월 1일부로 폐지되었다.
51 「돈 어디로 흐르나 (10) 흥청대는 공원식 갈비집」, <동아일보>, 1983. 05. 02.

배 이상으로 무겁게 매겼다.[52]

강남 일대에 땅을 소유한 지주들은 발등에 불 떨어진 느낌이 아니었을까. 땅값이 기대만큼 오르는 그날만 기다리고 있었는데. 그렇다고 돈을 끌어들여 건물을 지을 수도 없는 노릇이었을 것이다. 하지만 대책이 있었다. 요식업자들에게 땅을 빌려주는 것이었다. 땅을 빌린 요식업자들은 그 터에 식당 건물을 지었다. 삼원가든처럼. 결국은 이러한 이유로 강남 일대에 대형 식당이 늘어나는 모양새가 되었다.[53]

지주들은 공한지세를 안 내려고 직접 1층짜리 건물을 짓기도 했다. 이런 건물은 1980년대 초반부터 강남 일대 도로변에 들어서기 시작했다. 주로 패밀리 레스토랑이나 패스트푸드 매장이 이들 건물에 입점했었다. 과거 강남대로나 도산대로의 단독 건물에 입점한 피자헛이나 KFC 등을 이용해 본 이들이 있을 텐데 대개 공한지세를 피하기 위한 임시방편으로 지은 건물이 아니었을까.

네이버 지도에서 거리뷰를 선택하면 2010년대 중반까지 강남대로 일대에 이런 건물이 있었던 걸 확인할 수 있다. 특히, 2015년 12월의 거리뷰에서는 영동시장 앞 대로변에 필로티 구조의 단층 건물에 입점한 아웃백스테이크 매장을 볼 수 있다. 그런데 2016년 5월 거리뷰에서는 옆 필지의 건물과 함께 가림막이 쳐져 있다. 이후 거리뷰를 보면, 이들 필지의 건물들이 헐리고 새

---

52 「강남 빈 땅 간이 건물 우후죽순」, <매일경제>, 1986. 07. 22.
53 「강남 금싸라기 땅에 1층 건물 신축 붐」, <매일경제>, 1987. 06. 20.

건물이 들어서는 과정을 확인할 수 있다. 2024년 10월 기준, 이 건물에는 스타벅스 등 다양한 식음료 매장이 입점해 있다. 아웃백스테이크 매장은 인근의 다른 건물 2층으로 옮겨갔다. 지금은 강남 일대 대로변에서 1층짜리 단독 매장 건물을 찾아볼 수 없다. 모두 헐리고 그 자리에 번듯한 빌딩이 들어섰다고 보면 될 것이다.

한편, 삼원가든 측은 사업이 번창하자 빌렸던 토지를 사들이는 한편 주변 땅도 매입해 약 2,440평의 부지를 확보할 수 있었다고 한다.[54] 1980년대 강남 일대에 생겨난 대형 음식점 중 현재 남아있는 건 삼원가든이 유일하다. 아마도 자기 소유의 부동산에서 식당을 운영한 덕분일 것이다.

그렇다면 1980년대 강남에 대형 음식점이 늘어난 건 모두 요식업자의 재력 때문이었을까? 그럴 수도 있지만 물이 낮은 데로 흐르는 순리처럼 돈이 벌리는 곳으로 흘러들어 왔을 것이다. 과거 신문 기사 등을 참조하면, 1980년대 초반 마땅한 투자처를 찾지 못하는 고액 자금이 많았다고 한다. 이런 자금이 강남의 대형 부동산을 임차하고 막대한 시설을 투자해야 하는 요식업소에 투자된 것이다.[55] 지금도 그렇게 생각하는 경향이 있긴 하지만 당시만 해도 요식업은 돈을 버는 업종이었다.

한국은행 자료를 인용한 신문 기사에 1982년 음식·숙박업 성장률이 10.4%였다고 나온다. 같은 해 GNP 성장률 5.4%에 비

---

54 「30년간 3240만명 찾아…2세 경영 돌입」, <이코노미조선>, 2006. 10. 30.
55 「호화 음식점이 는다」, <매일경제>, 1982. 05. 03.

해 거의 배에 가까웠다고. 이처럼 요식업이 장사가 잘되고 부동산 투자도 겸할 수 있으니, 투자가 밀려들었을 수밖에 없었을 것이다. 그래서 가든형 갈비집들은 1980년대 초반 1, 2년 사이에 큰 증가세를 보였다. 강남의 사례를 좇아 부산, 대구, 대전 등 다른 대도시에도 대형 식당이 들어서는 경향을 보이기도 했다.[56]

과거에 그랬듯 오늘날 강남에서도 요식업 전쟁이 벌어지고 있다. 다양한 메뉴의 식음료 매장들이 강남으로 모여드는 사람들의 지갑을 노리며 들어섰고, 앞으로도 들어설 예정이다. 특히 삼원가든에서 큰길 건너면 나오는 도산공원 주변은 이른바 '파인 다이닝(Fine Dining)'의 성지다. 최고급을 표방하는, 그래서 보암직하고 먹음 직한, 그런데 비싼 요리. 음식을 즐기기 위해서도 가지만 사진을 찍어 SNS에다 뽐내기 위해서라도 가야 하는.

그래서일까. 최고급을 동경하는 한국인의 취향을 겨냥해 명품으로 불리는 브랜드가 요식업 분야와 협업을 하는 사례도 생기고 있다. 루이비통은 2022년 청담동 매장에서 최고급 레스토랑을 한시적으로 운영했고, 에르메스는 도산공원 앞 매장에서 카페를 운영하고 있다. 디올 또한 성수동의 컨셉스토어에다 카페를 차렸다.

그러고 보면 오늘날 최고급을 내세우는 식음료 매장은 성수동이나 한남동에서도 흔히 볼 수 있다. 두 지역 모두 강남에서

---

56 「돈 어디로 흐르나 (10) 흥청대는 공원식 갈비집」, <동아일보>, 1983. 05. 02.

한강을 건너면 바로 나오는 멀지 않은 곳이다. 그래서인지 강남에 있는 최고급 요식업소의 전략이 전수된 지역처럼 보이는 면도 있다. 신도시에 들어서는 아파트 단지들이 강남의 신화를 잇고 싶어 하는 그런 맥락과 연결되는 듯한 느낌이랄까.

[강남 유흥가의 시작은?   ]

테헤란로 일대는 모텔촌이었다. 오늘날 대로변 고층빌딩이 늘어선 자리가 1970년대와 80년대에는 크고 작은 모텔들이 늘어서 있던 자리였다. 대로 안쪽 이면도로도 그랬었는데 주택가와 숙박업소가 함께 있는 모양새였다. 강남에 모텔이 많았던 시절, 여관 주인이냐는 소리를 종종 들었다. 선정릉 버스정류장 바로 옆에 '대호장'이라는 모텔이 있었기 때문이다. 선정릉 앞을 지나는 78-1번과 11번 시내버스를 이용하던 사람들에게 '대호장'은 눈에 딱 뜨일 수밖에 없었고, 내 이름을 아는 이라면 자연스럽게 나를 떠올리기 마련이었다. 그들은 나를 놀리곤 했다. 1980년대 초, 청소년으로 성장해 가던 예민한 사춘기 소년 대호에게는, 낯 뜨겁고 치욕스러운 관심이었다.

그래서 나는 수모를 만회하기 위해 혹시 친구 이름으로 된 모텔이 있는지 찾아본 적도 있었다. 아마도 영동중학교를 졸업하고 휘문고등학교를 입학하기 전인 1982년 2월 무렵으로 기억한다. 큰 수고가 필요하진 않았다. 개나리아파트에서 78번 버스를 타고 강남대로 일대까지 다녀오면서 도로 주변을 살피면 되었다. 1980년대 초반 테헤란로 주변에는 모텔이 많았기 때문이다. 특히 강남역에서 역삼역 방향의 테헤란로 남쪽 도로변에 줄지어 있었다.[57] 하지만 친구 이름으로 된 모텔은 없었다. 사실 사람 이름처럼 보이는 단어로 숙박업소 상호를 짓기에는 좀 난감한 면이 있다. 그런 면에서 내 이름 '대호'는 사람 이름으로도, 가게 이름으로도 어울리는 중립적인 성격을 지녔는지도 모른다.

대학 시절의 여담 하나. 친하게 지낸 영화과 후배가 만약 나중에 영화를 만들게 되면 내 이름을 등장인물 이름으로 쓰고 싶다고 해 흔쾌히 그러라고 했다. '강대호'도 쓰고 '대호'도 쓰라고 했다. 기왕이면 영화 제목으로 쓰는 건 어떠냐고 역제안하기도 했다. 어떻게 됐는지 궁금하면 검색해 보시라.

그런데 왜 강남에 모텔촌이 형성되었을까? 자료를 뒤지며 근원을 찾아 올라가다 보니 강북 억제 정책의 여파가 아닐까, 하는 생각이 들었다. 사실 '강북 억제 정책' 혹은 '강북 억제책'이라고 명명된 공식적 정책은 없다. 다만 '특정시설 제한구역'이라는 걸 만들어 특정 지역에 특정시설이 들어서지 못하도록 규제했다. 그 특정 지역이 서울 강북이었고, 특정시설은 유흥업 등이었다.

1972년 2월 8일, 양택식 서울시장이 강북에 유흥시설의 신

---

57 두 지하철역은 1982년 12월 23일부터 영업을 시작한다. 당시는 공사 중이었다.

규 허가는 물론 이전을 금지하겠다는 방침을 밝힌 데서 비롯되었다. 후속 조치로 같은 해 4월 3일 '특정시설 제한구역'이라는 규제가 도입되었다.[58] 이 조치로 종로구와 중구 전 지역, 용산구와 마포구의 일부 시가지, 성북구와 성동구 일부가 '특정시설 제한구역'으로 지정되었다. 이제 이 구역에서는 백화점, 도매시장, 공장 등의 신규시설이 들어서는 걸 허가하지 않았다.[59] 특히 바, 카바레, 나이트클럽은 물론 일반 요식업도 일체 불허되었다.

강북 억제 정책은 강북 인구와 강북의 도시 기능을 강남으로 분산하기 위해서 나왔다. 북한과 가깝다는 리스크가 있는데도 서울 강북 도심에 인구와 주요 기관이 몰려 있어서 나온 대책이었다. 특히 박정희 대통령은 강남 개발을 서울 인구를 증가시키는 게 아니라 강북 인구를 강남으로 분산시키는 결과가 되어야 한다고 강조했다 한다. 육영수 여사 피습 후부터는 더욱 강조했다고.

대통령의 관심 사항은 공무원들을 움직이게 하기 마련이다. 양택식 시장의 뒤를 이은 구자춘 서울시장은 1975년 4월 '한강 이북 지역 택지개발 금지 조치'를 발표했다. 즉 한강 북쪽 지역의 전답과 임야를 택지로 전환할 수 없게 만들었다. 아예 부동산

---

58 손정목, 『서울 도시계획 이야기 3』, 한울, 2003, 169쪽.
59 아이러니하게도 롯데백화점은 허가했다. 신청 서류에 백화점이 아니라 쇼핑센터로 표기했기 때문인데 담당 공무원의 아이디어였다고 한다. 허가 금지 분야에 쇼핑센터는 없었다. 그래서 롯데백화점 초기에 롯데쇼핑센터라고 불렸다. (출처: 손정목, 『서울 도시계획 이야기』 2권)

개발을 할 수 없도록 한 것이다.[60] 결국, 강북 억제책은 강남 개발 촉진책이 되었다. 유흥업소들이 강남으로 몰리기 시작했다. 1970년대 말이 되자 신사동 일대, 논현동 일대, 역삼동 일대가 각종 바, 카바레, 룸살롱, 나이트클럽 등으로 성황을 이뤘다.

이런 분위기는 강남 하면 유흥가가 떠오르는 요인이 되기도 했다. 물론 아파트도 떠오르지만. 강남은 돈이 흐르는 동네가 되었다. 1988년에 발표된 주현미의 〈신사동 그 사람〉과 1989년에 발표된 문희옥의 〈사랑의 거리〉는 강남이 유흥가가 되어가던 시절의 감성을 표현한 노래들이다. 주현미 노래의 가사를 살펴보면 '이름도 연락처도 모르는 남자가 찾아오기를 새벽까지 기다리는 여자'라는 뉘앙스를 풍기며 유흥가인 강남의 분위기를 자아낸다. 문희옥의 노래는 상징적이면서도 노골적일 수 있는 표현을 썼다. 영동을 "사랑의 거리"라거나 "연인의 거리"라며. 당시 이 노래를 '여기는 남서울 영동 모텔의 거리'라고 개사하며 부르는 사람들을 본 적 있다.

어쩌면 모텔촌은 이러한 유흥업 호황의 낙수효과 혹은 풍선효과 아니었을까. 그 영향이 중학생에서 고등학생으로 접어드는 소년 '대호'에게까지 미친 것이었고. 테헤란로 일대는 1977년경 강남 개발 붐이 한창일 때부터 모텔촌이 형성되기 시작했다. 당시 모텔 이름에는 으레 'ㅇㅇ장'이라는 상호가 붙었다. 원래는 제

---

60 「한강 이북 택지 조성 불허」, <조선일보>, 1975. 04. 05.

주도에서 호텔과 여관 사이의 등급에 '장(莊)' 자를 붙인 데서 유래했다는 설이 있다.[61] 테헤란로 모텔들의 특징은 1층에 경양식집이나 커피숍이, 지하에는 룸살롱이 있다는 것이다. 이들 점포 안에는 모텔과 통하는 문이 있는 게 불문율이었다고. 마치 모텔에 가는 게 아니라 경양식집에 가는 척하며 모텔로 들어갈 수 있도록 고객들을 배려한 마케팅 전략이었다.

테헤란로뿐 아니라 강남 곳곳에 모텔이 많이 들어섰다. 1980년에 109개에서 1982년에 146개로 늘어날 정도였다. 이들 모텔은 대형 음식점처럼 공한지세를 피하기 위한 편법으로 짓기도 했다.[62] 이를 다룬 기사를 참조하면, 모텔들은 대부분 4~5층 건물로 대지 1백~2백 평, 연건평 5백여 평에 객실이 50개가 넘는 곳이 많았는데, 때로는 3백~5백 평의 대지에 연건평이 1천여 평이 넘는 매머드급 업소도 있었다고. 하지만 너무 많아지면 규제가 생기기 마련이다. 서울시는 테헤란로 3km, 도산로 300m, 영동대로 4km 등 간선도로변에 여관이나 호텔의 신축을 규제하기 시작했다.[63] 그래서 모텔은 이들 도로 아닌 도로변과 주택가로 파고들기도 했다.

초등학교와 중학교, 그리고 고등학교 동창인 임병민은 역삼역 인근 주택가에서 살았다. 병민네 가족은 1977년에 역삼동으로 이사했다. 그래서 병민과 가족들은 그 시절 테헤란로 일대가

---

61 「서울 25시. 고급여관의 퍼레이드」, <동아일보>, 1984. 06. 13.
62 「강남 새 풍속도. 숙박업소. 주택가의 불청객」, <경향신문>, 1983. 02. 12.
63 「강남 간선도로변 호텔 여관 못짓게」, <경향신문>, 1980. 01. 24.

모텔촌이 되어가는 광경을 똑똑히 목격했다고 한다. 특히 병민의 누나는 대학생이었던 1982년경 역삼역에서 내린 후 집으로 가는 길에 모텔이 즐비해 싫어했던 기억이 있다고 했다. 그래서 역삼동 주택가에 사는 가정의 어른들이 모여 대책을 논의한 적도 있었다고.

오늘날 강남역에서 역삼역 사이의 테헤란로를 걸으면 모텔을 찾기 힘들다. 과거 모텔들이 늘어섰던 대로변에는 고층빌딩이 늘어서 있다. 다만 대로변이 아닌 뒤쪽 구획에서는 모텔을 리모델링하거나 재건축한 비즈니스호텔을 여럿 볼 수 있다. 그래도 옛 모습이 남아 있는 곳이 있다. 역삼역의 한국은행 뒤편 이면도로에 가면 모텔들이 늘어선 골목이 나온다. 1979년에 준공한 모텔이 있는가 하면 80년대에 준공한 모텔도 여럿 있다. 외벽을 새 마감재로 덮어 새 건물처럼 보이지만 자세히 살펴보면 세월의 흔적을 느낄 수 있다.

과거 테헤란로에 늘어선 모텔의 분위기를 엿보려면 성남시 모란역 인근의 산성대로에 가면 된다. 모란사거리에서 수진역사거리의 산성대로 남쪽 약 1km 구간이 모텔촌이다. 다닥다닥 붙어 있거나 다른 업종 건물 사이에 끼어 있다. 과거 테헤란로 일대 풍경이 딱 그랬다. 믿을 수 없다고 해도 어쩔 수 없다. 과거의 사실은 지우려 해도 지워지지 않는다.

[재개봉관의 추억]

　　강남에는 극장이 없었다. 정확한 표현으로는 개봉관이 없던 시절이 있었다. 영화관 대신 극장이라는 말이 더 익숙했던 1980년대 초만 해도 강남 일대에 개봉관은 없었다. 그래서 신작 영화를 보려면 종로나 충무로 일대의 극장으로 가야 했다. 내 기억 서랍 속에는 작은누나가 데려간 극장과 거기서 본 영화에 대한 인상적 장면이 보관돼 있다. 열여섯 살 터울의 우리 남매가 함께 감상한 첫 영화는 1975년 봄방학[64] 무렵 명동의 중앙극장에서 개봉한 인도 영화 〈신상(神象)〉이었다. 이 영화의 원제는 〈Haathi Mere Saathi(코끼리는 내 친구)〉로 진짜 코끼리들이 출연해 활약하는 신기한 영화였다.

　　같은 해인 1975년 겨울방학에 작은누나는 나를 광화문사거리에 있는 국제극장으로 데리고 가 디즈니 영화 〈메리 포핀스

64　과거 봄방학이 있던 시절이 있었다. 겨울방학 후 2월 초 잠시 개학했다가 종업식 후 다시 봄방학을 했다. 대략 2주 정도의 짧은 방학을 마치고 3월 2일에 1학기가 시작했다.

(Mary Poppins)〉를 보여줬다. 배우들이 직접 연기하는 실사와 애니메이션이 합성된 장면들이 무척 인상적인 영화였다. 그다음 해부터 나는 친구 등과 함께 극장에 가기 시작했다. 1976년의 4학년 여름방학에 난 서교동 '무덕관 태권도장' 형들의 인솔하에 충무로 대한극장에 가서 〈로봇 태권브이〉를 감상했다. 극장 주변으로 길게 늘어섰던 줄이 기억난다. 그 시절 국민학생들이 볼 수 있는 영화는 드물었다. 만화영화나 가족 영화 외에는 '국민학생 관람 불가'였다. 〈로봇 태권브이〉를 본 얼마 후 우리 가족은 강남으로 이주했다.

중학교 1학년이었던 1979년, 성룡이 나오는 홍콩 영화 〈취권〉은 말죽거리의 영동중학교를 들썩이게 했다. 2학기 초 무렵에 개봉한 이 영화 덕분에 학교 복도는 쉬는 시간마다 흐느적거리는 아이들로 붐볐다. 〈취권〉은 '국민학생 관람 불가' 영화였다. 다시 말해 중학생이 볼 수 있는 영화였다. 그해 가을 어느 주말 난 친구들과 충무로 국도극장에 가서 〈취권〉을 감상했다. 아마 나도 학교 복도를 흐느적거리고 다녔을 것이다. 이후 중고등학생이 볼 수 있는 영화는 친구들과 함께 극장에 가서 봤다. 그럴 때마다 버스를 타고 한강을 건너 종로나 충무로의 극장으로 갔다. 강남에는 개봉관이 없었기 때문이다.

강남에 개봉관이 생긴 건 1985년이었다. 강남역 인근에 동아극장이 개관했다.[65] 1987년경 이 극장에서 배창호 감독, 안성기

65 「서울 강남에 첫 개봉영화관」, <동아일보>, 1985. 07. 17.

주연의 영화 〈안녕하세요 하나님〉을 봤다. 1985년에는 논현동에 씨네하우스도 생겼다.[66] 개봉작은 1985년 아카데미 수상작인 〈아마데우스〉였는데 난 이 영화를 극장에서 본 기억이 있으니 아마도 씨네하우스에서 봤을 것이다. 그리고 1989년 신사역 인근에는 브로드웨이극장이 생겼다.

극장(劇場)은 연극, 음악, 무용 등 예술 분야의 공연은 물론 영화를 상영하는 복합 시설을 의미한다. 그래서 일제강점기 단성사나 우미관 등 극장에서는 영화는 물론 연극과 독주회 같은 공연이 함께 열리곤 했다. 광복 후에도 한동안 극장은 영화는 물론 각종 공연이 열리는 장소였다.[67] 1970년대까지만 해도 가수와 코미디언이 출연하는 공연과 영화를 교차해 제공하는 극장이 있었다. 1970년대의 서울 거리에는 '쇼도 보고 영화도 보고'라는 내용의 포스터가 붙어 있던 게 기억난다. 하지만 영화 상영만 전문으로 하는 곳이 차츰 늘어나게 되었다. 극장에서 영화관으로 자리 잡은 것이다.

극장 연구 문헌 등을 종합하면, 1970년대까지만 해도 영화관은 외화관(外畫館)과 방화관(邦畫館)으로 나뉘었다. 외화는 외국영화를, 방화관은 국내에서 제작한 한국 영화를 말한다.[68] 개봉

66 「방송 연예가」, <매일경제>, 1985. 11. 19.
67 박선영, 「1950년대 말~1960년대 초 극장의 영화 상영 관행」, 『한국 극예술연구』 제56호, 한국극예술학회, 2017, 144-166쪽.
68 이길성·이호걸·이우석, 「1970년대 서울의 극장산업 및 극장문화 연구」, 『KOFIC연구』 연구보고 2004-7, 영화진흥위원회, 2004, 35-38쪽.

관과 재개봉관으로 나누기도 했다. 우선 서울과 주요 도시의 영화관에서 필름 세 벌 정도로 먼저 개봉하고, 이후에 필름을 이어받아 도시 주변부 영화관에서 재개봉하는 방식이었다. 업계에서는 개봉 순서에 번호를 붙여 1번관(개봉관), 2번관(재개봉관), 그리고 3번관, 4번관, 5번관 등으로 구분하기도 했다.[69] 3번관 이후는 '동시상영관'으로도 불렸다. 지리적으로 가까운 영화관끼리서로 확보한 영화를 교차 상영해 영화 두 편을 제공하는 방식이었다.[70]

1980년대 강남에 재개봉관이 있었다. 강남에 개봉관이 없거나 드물었던 시기 영화의 전당 역할을 톡톡히 한 공간이었다. 또한 젊었던 시절 나의 추억이 배어 있는 공간이기도 하다. 1985년 난 재수생이었다. 집에서는 경영학과나 무역학과 등 상대 계열에 가라는 바람이 있었지만 내 꿈은 달랐다. 아마도 고2 무렵부터일 것이다. 음대에 진학하고 싶다는 꿈이 생긴 게. 하지만 보수적인 집안 분위기 때문에 말도 꺼내지 못했다. 그래서 재수생 시절 방황하던 시기가 있었다. 당시 난 강남역 인근의 재수학원에 다녔지만, 학원을 땡땡이치고 극장에 틀어박혀 있는 날이 많았다. 강남역 먹자골목에 있는 피렌체극장이었다. 재개봉관이었는데 때로는 두 편씩 걸리는 동시상영관이기도 했다.

---

69 위 보고서, 58쪽.
70 앞 보고서, 115쪽.

당시 한남대교 남단 인근에 영동극장이라는 재개봉관도 있었다. 강남대로의 잠원동 쪽 대로변에 있는 대양빌딩 꼭대기 층으로 기억한다. 대양빌딩은 1982년에 준공했는데 영동극장도 그때 생겼다. 극장을 폐관한 후 리모델링한 대양빌딩은 지금도 그 자리에 있다. 휘문고등학교 동창 정영우는 1984년 10월 21일 영동극장에서 프랑수아 트뤼포 감독의 〈이웃집 여인〉을 감상했다는 기억을 내게 들려주었다. 학력고사가 며칠 남지 않은 고3이었는데도 영우는 극장에 갔다. 그날 프랑수아 트뤼포 감독이 세상을 떠났기 때문이다. 지금도 트뤼포 감독의 기일이면 영우는 그를 기린다고 했다.

내가 피렌체극장에 자주 간 건 위치가 편해서였다. 피렌체극장은 강남대로의 버스정류장 인근에 있었다. 지금의 지오다노 매장 옆 골목으로 들어가면 나왔다. 학원에서도 가깝고 집으로 가는 버스도 많은 동네였다. 오늘날에도 남아 있는 피렌체극장 건물은 2008년에 리모델링한 것으로 보이는데, 빨간 벽돌의 외벽에 'FIRENZE 1983'이라는 표지가 붙어 있다. 이 건물의 과거 정체성을 보여준다. 관련 서류에는 준공 연도가 1983년으로 나와 있다.

강남대로의 영동시장 앞에는 뤼미에르극장이 있었다. 그 자리에는 원래 영동예식장이 있었는데 1986년경 예식장 건물에 다모아극장이 생겼다. 과거 신문을 뒤져보면, 다모아극장의 광고를 찾을 수 있다. 주로 영등포의 연흥극장, 청계천의 아세아극장과 한데 묶여 같은 영화를 상영했다.[71] 그러던 1992년 영화배우이며 영화감독인 하명중이 극장을 인수해 뤼미에르극장으로 이름을 바꿨다. 영화를 발명한 뤼미에르 형제의 이름을 딴 극장이다. 예술영화 극장을 표방했던 것으로 기억한다.[72] 뤼미에르극장이 폐관한 후에는 그 자리에 재활용센터가 들어섰다. 네이버 지도의 '거리뷰'를 이용하면 2014년경까지 중고 가전이나 가구 등을 파는 장소였다는 걸 알 수 있다.

바로 옆에는 패밀리레스토랑인 '아웃백 스테이크하우스'가 있었다. 이후 재활용센터와 아웃백이 합쳐진 공간에 가림막이 쳐진 시기가 있었다. 그리고 공사가 진행되더니 2019년경 가전 매장인 일렉트로마트가 입주한 빌딩이 들어섰다. 일렉트로마트에는 흥미로운 물건이 많아 내가 자주 들렀던 공간인데 2021년경 폐점했다. 지금은 스타벅스 등이 입주해 있다.

1980년대에 강남에 생긴 개봉관은 2000년대에 들어서며 멀티플렉스로 변신했다. 이곳뿐 아니라 강남역을 중심으로 멀티플렉스가 여러 군데 더 생겼다. 이제 강남 주민들은 개봉작을 보려고 종로나 충무로로 가지 않아도 된다. 오히려 서울 전역과 경기 일원에서 영화를 보려고 강남역 일대로 모여든다. 아이러니하게도 강북에서 오래도록 영화의 전당 역할을 했던 극장들은 모두 문을 닫았다. 헐려 새 건물이 들어서거나 헐리지 않더라도 다른 용도로 쓰이고 있다. 이 책을 쓰고 있던 2024년 9월 30일에는 내

---

71 「다크엔젤 광고」, <동아일보>, 1990. 01. 25.
72 「좋은 영화 고집, 뤼미에르극장 대표 하명중 씨」, <한겨레>, 1993. 02. 26.

가 열 살 때 동네 형들과 함께 〈로봇 태권브이〉를 본 대한극장이
문을 닫았다.

[　　강남에는 왜 대형교회가 많을까　　]

　　나는 성공한 교회 오빠다. 교회에서 만난 나를 오빠라고 부르는 여인과 결혼했다는 점에서. 우리 부부는 교회 중등부 시절부터 알고 지냈다. 고등부 때 함께 성가대로 활동했고 대학부 시절에는 내가 성가대 지휘를, 그녀가 피아노 반주를 맡았었다. 그렇게 서로에게 스며들었고 자연스럽게 결혼하게 되었다. 모두 교회에 다닌 덕분이었다.

　　우리 부부가 부모님을 따라 이사한 1970년대 중반부터 강남에는 교회가 많이 들어서기 시작했다. 이런 현상을 다룬 당시 신문 기사를 참고하면, 강남 지역에 부지가 넓은 공한지가 많았고 교회 건축에 대한 규제가 심하지 않았던 점이 작용한 것 같다.[73] 또한 주거 공간으로서 아파트의 확대도 교회 증가에 한몫한 것으로 보인다. 인구가 밀집한 아파트 단지는 전도 활동과 교인 확보에 유리한 면이 있다.

---

73 「강남 신풍속도. 교회 1. 십자가의 대이동」, <경향신문>, 1982. 12. 09.

1970년대 강북은 포화 상태라 새 건물 건축 등 교세 확장에 한계가 있었다. 그런데 강남에는 너른 부지가 생기는 한편으로 아파트 단지들이 들어서며 인구가 대폭 증가하고 있었다. 이런 요인 등이 작용해 강남에 교회가 늘어나게 된 것이다. 그리고 한국 개신교를 대표하는 대형교회들도 강남에 생겨났다.

오늘날 강남의 대형교회 중에는 광림교회나 충현교회처럼 강북에 있던 1970년대에 이미 대형교회인 교회가 있는가 하면 소망교회나 강남중앙침례교회처럼 강남에서 개척교회로 시작해 대형교회로 성장한 교회가 있다. 내가 다녔던 역삼동 청운교회는 오늘날 대형교회로 분류하기도 하는데 그 시작은 강북에서 개척한 작은 교회였다. 원래는 약수동에 있었다. 약수동은 인근의 신당동과 함께 한때 서울의 서민 동네를 대표했다.

청운교회를 개척한 목사와 초기 교인들은 대부분 북한 지역 출신이다. 이 교회가 속한 용천노회는 1907년에 평안도에서 설립된 유서 깊은 노회[74]였다. 하지만 일제강점기와 광복 후 소련 군정기를 거치며 탄압받았다고 한다. 그래서 월남한 목회자와 교인들이 남한에서 용천노회를 재건했다. 이런 전통 속에 청운교회가 설립된 것이다.

---

74 노회(老會)는 개신교 장로교단의 조직으로 특정 지역 내의 여러 장로 교회로 구성된 연합이다. 예를 들면 영락교회는 대한예수교장로회(통합) 서울노회 소속이고, 소망교회는 대한예수교장로회(통합) 서울강남노회 소속이다. 남한을 지역별로 세분해 지역 노회가 설립되었는데 분단국가의 성격을 반영하듯 청운교회가 속한 대한예수교장로회(통합) 용천노회나 평양노회처럼 피난 노회도 있다.

1966년 개척 당시에는 약수동 언덕 20평 규모의 전세방에서 신자 스물두 명이 모였고, 같은 해에 이들은 인근의 땅을 매입해 교회 건물을 지었다고 한다. 그랬던 청운교회는 약수동 정착이 아닌 강남으로 이전을 택했다. 1974년에 역삼동 일대에 364평의 대지를 사들이고 1975년에 새 교회 건물을 건축했다. 이에 대해 청운교회를 개척한 목사는 강남땅에서 비전을 봤다는 취지로 훗날 설교하곤 했다. 물론 하나님의 은혜로 해석하는 건 자유지만 실상을 들여다보면 부동산에 밝았던 어느 교인이 주도한 것으로 보인다. 그는 이 목사의 인척이면서 교회 인근의 역삼동에 부동산을 보유한 재력가였다.

　　'강남의 교회를 생각하면 가장 먼저 무엇이 떠오르나요?' 이런 질문을 하면 아마도 거대한 교회 건물을 떠올리는 이들이 많을 것이다. 그만큼 강남 지역을 오가다 보면 눈에 띄는 대형교회가 많다. 강북에서 강남으로 이전한 대형교회들이 교회의 대형화 추세를 선도했는데 쌍림동에서 신사동으로 이전한 광림교회나 충무로에서 역삼동으로 이전한 충현교회가 대표적이다. 이들 교회는 강북 시절보다 거대한 교회 건물을 건축했다. 물론 대형교회뿐 아니라 새 교회 건물을 꿈꾸는 교회들도 능력이 닿는 한 크게 건축하고 싶어 했다. 마치 건물 크기가 하나님 축복의 크기나 교세의 규모, 혹은 목회자 권위나 교인 수준을 보여주는 척도인 양 거대하게 짓곤 했다.
　　1975년에 강남으로 이전하며 새 교회 건물을 지은 청운교회도 그랬다. 내가 이 교회에 출석하기 시작한 1977년 봄, 교회 주변에는 공터가 많았다. 어른이 되어 교회 관련 자료를 살펴보니, 1970년대 말부터 교회 측에서 이 부지들을 사들였다. 그 자리에는 1981년에 제2 성전이 들어섰다. 1975년에 준공한 제1 성전은 교육관으로 사용하게 되었다. 새 건물을 지은 지 불과 6년 만에 더 큰 교회 건물을 짓게 된 것이다.

세월이 흐르며 이 건물이 낡고 불편해지자 2000년대에 들어서 더 크고 첨단 시설을 자랑하는 교회 건물 건축을 계획하게 된다. 당시 초등학교 저학년이었던 아들이 건축헌금을 바친다며 세뱃돈 등을 모은 통장을 깨기도 했다. 실로 다양하고도 집요한 건축헌금 모금 방법을 목격할 수 있었다. 그렇게 2007년에 새 교회 건물이 준공됐다. 청운교회가 점점 크고 첨단 시설의 건물을 짓게 된 건 교인이 늘어난 덕분이다. 하지만 번듯한 외양과 최신 시설을 갖춘 교회 건물을 선호하는 강남 기독교인의 취향을 반영한 면도 있다.

1980년대 강남의 교회를 '만남의 장'으로 분석한 신문 기사를 보면 당시 분위기를 엿볼 수 있다.[75] 이 시절 강남의 교회는 신앙생활을 하는 공간이기도 했지만, 여가 활동을 제공하는 커뮤니티 성격도 있었다. 즉 아파트 생활의 단조로움과 권태를 잊도록 하는 새로운 만남의 장을 강남의 교회가 제공한 것이다. 이 과정에서 화려하고 첨단 시설의 교회 건물은 사람들을 끌어들이

---

75 「부쩍 늘어난 아파트 신자」, <경향신문>, 1982. 12. 22.

는 요인이 되기도 했다. 관련 자료를 참고해도 그렇고 내가 지켜본 바도 그렇지만, 1980년대와 90년대 강남의 기독교 교세 확장은 30대와 40대 주부들이 주도했다. 교회는 이들의 가정생활과 신앙생활을 결합하도록 이끌었다. 가정생활에서 비롯되는 스트레스를 신앙생활로 해소하게 하고, 교회 활동으로 소속감과 연대 의식을 고취하게 한 면이 교세 확장에 이바지한 면이 크다는 것이다.

특히 강남의 대형교회는 물론이고, 대형교회를 추구하는 모든 교회는 교회학교 시스템을 중요시했다. 교회학교는 사회의 학교 편제처럼 만든 교회 교육 시스템이다. 유치부, 유년부, 중등부, 고등부 같은. 교회학교 시스템은 교회학교를 통해 배출된 어린이나 청소년이 그 교회의 성인 교인으로 자라나고, 이들이 다시 교회학교 교사로 2세와 3세를 교육하게 되는 순환구조다. 강남의 대형교회들을 보면 이러한 교육 시스템을 잘 활용하고 있다. 물론 대형교회를 더욱 대형교회답게 유지하는 방편이기도 하다. 청운교회의 성장에도 이러한 교회학교 시스템이 작용한 면이 있다. 현재 이 교회의 장로나 권사 중에는 교회학교 출신이 여럿이다. 우리 부부는 교회학교 안에서 만났는데 우리처럼 교회에서 만나 결혼한 부부가 청운교회에 많다. 이들의 2세들 또한 청운교회 울타리 안에서 자라날 게 분명하다.

이외에, 어떤 요인이 강남의 교회들을 대형교회로 성장시켰을까? 우선, '계층적 동질성'이 작용했다고 보는 시각이 있다.[76] 중산층이라는 동질성이 대형교회로의 성장을 가능하게 만들었다는 의미다. 강남의 교회에 출석하는 중산층들은 교회의 대형화에 필요한 자원을 공급했다. 그러니까 십일조나 건축헌금 등 다양한 항목의 헌금을 바쳤다. 대신 교회는 중산층의 기호에 맞는 종교 서비스를 제공했다. 여기에는 신앙 훈련과 여가 활동 외에도 인적 네트워크 구축도 있다. 인적 네트워크를 보여주는 사례는 청운교회에서도 찾을 수 있다. 이 교회의 새 성전 건물 건축은 한 유명 건설회사에서 맡았는데 이 회사 오너가 청운교회 장로다. 그리고 청운교회 교인 중에는 이 건설회사의 거래처를 운영하는 이들이 있다.

대형교회를 추구하는 한국 교회의 모습을 '번영신학'의 연장선으로 해석하는 시각도 있다.[77] 번영신학은 성장의 논리를 신학적으로 제공하는 서사로 등장했다고 한다. 풀어 이야기하면, 신앙생활 자체가 삶의 번영을 이루기 위한 자기 계발 과정이나 마찬가지라는 것. 1970년대를 전후로 미국에서 급부상한 대형교회들과 이들 교회를 성장시킨 목회자들은 성장과 번영에 대한 서사를, 즉 번영신학 서사를 한국 교계에 보여주는 성공 사례였다. 한국 기독교인들의 필독서였던 『목적이 이끄는 삶』이나 『긍정의 힘』은 미국의 유명한 대형교회 목사들이 쓴 책이기도 하

---

76 강성호, 『한국 기독교 흑역사』, 짓다, 2016, 248쪽.
77 김진호, 『시민 K, 교회를 나가다』, 현암사, 2012, 104쪽.

다.[78] 한국에서는 여의도순복음교회의 조용기 목사가 번영신학의 서사를 이어받았는데 자연스럽게 다른 대형교회로도 퍼졌다.[79] 물론 이런 신학적 배경이 아니더라도 한국에는 물질적 번영을 하나님의 축복으로 여기는 개신교도들이 많다. 그런데 번영과 성장의 메시지를 전한 강남의 대형교회는, 나아가 한국 기독교계는, 교회 바깥세상에 어떤 메시지를 던져주고 있을까. 그리고 교인들이 아닌 한국인들에게는 그 메시지가 어떻게 들리고 있을까.

---

78 『목적이 이끄는 삶』은 새들백 교회의 목사 릭 워렌(Rick Warren)이, 『긍정의 힘』은 레이크우드 교회의 목사 조엘 오스틴(Joel Scott Hayley Osteen)이 저술했다. 또한, 크리스털 교회의 목사 로버트 슐러 목사도 번영신학에 기반한 목회자다.

79 김진호, 『시민 K, 교회를 나가다』, 현암사, 2012, 108쪽.

[　　　　　강남 랜드마크의 변화　　　　　]

　'마치 살아 있는 유기체 같군.' 강남 일대를 지날 때면 드는 생각이다. 꼬리에 꼬리를 물고 이어진 한밤의 자동차 행렬을 위에서 내려다보면 차량 불빛은 마치 먹이를 쫓는 붉은색 뱀 무리처럼 보이고, 지하철역을 오르내리는 사람들을 지켜보노라면 먹이를 나르기 위해 개미굴을 오가는 개미 떼의 분주한 행진을 보는 듯하다. 무엇보다 강남대로 주변 건물들 외양의 변화는 계절이나 유행에 따라 의상과 화장을 달리하는 사람들 모습을 떠올리게 한다. 그러고 보면 강남대로를 대표하는 랜드마크도 언제부터인가 달라졌다.

　만약 뉴욕제과나 제일생명을 안다면, 당신은 '옛날 사람'일 확률이 높다. 두 장소 모두 오래전에 사라진 강남의 랜드마크였으니까. 뉴욕제과는 빵집이었다. 근현대를 배경으로 만든 드라마나 영화를 보면 빵집은 청춘남녀들의 만남 장소로 등장하곤 한다. 강남역 10번 출구 앞 대로변에 있었던 뉴욕제과도 만남의 장소였다. 그런 뉴욕제과는 강남역보다 먼저 생겼다. 그때가 1974

년이었다.[80]

뉴욕제과는 1949년에 창업한 제빵업체다. 프랜차이즈도 했는데 오늘날 파리바게트처럼 동네에서 흔히 볼 수 있는 제과점이었다. 강남 개발이 한창이던 1974년에 영동1로와 삼릉로가 교차하는, 즉 강남대로와 테헤란로가 교차하는 지금의 강남역사거리 인근에 건물을 올리며 직영점을 냈다. 강남 뉴욕제과의 시작이었다. 생각해 보면 난 강남 뉴욕제과에 많이 가봤지만, 이곳에서 빵을 사 먹은 기억은 나지 않는다. 주로 뉴욕제과 앞이 약속 장소였기 때문이다. 대개는 빵집 앞에서 누군가를 만나 뒷골목에 자리한 술집 등으로 이동했을 것이다. 때로 늦는 일행을 기다리느라 멀리 가지는 못하고 빵집 안을 구경하기도 했을 것이고.

뉴욕제과 내부로 들어가면 일행에게 소식을 전하는 메모를 붙일 수 있는 게시판이 있었던 기억도 난다. 과거 종로를 대표하는 만남의 장소인 종로서적 입구에 있었던 게시판처럼. 1980년대나 90년대에 '강남역에서 만나!'라는 말은 '뉴욕제과 앞에서 보자!'라는 말이나 마찬가지였다.

그런 뉴욕제과에 변화가 생겼다. IMF 구제금융 시기인 1998년에 강남점 건물이 ABC상사로 넘어가 'ABC뉴욕제과' 간판을 내걸게 되었다. 뉴욕제과 본사는 2000년에 최종 부도 처리되었다. 그래도 빵집의 명맥은 유지할 수 있었다. 2012년까지는. 2000년대 들어 강남대로 주변에 별다방이나 콩다방으로 상징되

---

80 강남역은 1982년 12월 서울 지하철 2호선 강남 구간인 종합운동장역에서 교대역 구간 사이가 개통되면서 운영을 시작했다.

는 카페들이 들어서고 트렌드를 대변하는 의류 매장이 생겨났다. 2012년 뉴욕제과 건물도 의류 매장으로 변신했다. 건물주로서는 빵집을 운영하는 것보다 임대료를 받는 게 더 이익이라 판단하지 않았을까.[81]

코로나가 한창이던 2021년 초, 강남대로를 지나는데 옛 뉴욕제과 건물에 가림막이 쳐진 걸 볼 수 있었다. ABC뉴욕제과가 문을 닫은 후 10년 정도 '패스트패션' 매장이 있던 건물이 헐리고 새 건물이 들어서고 있었던 것. 2024년 11월 기준, 이 건물에는 여러 의원이 입주해 있다. 진료 과목으로 미루어보면 다양한 미용 목적의 의원들이 모였다. 강남대로 일대의 여느 건물들처럼.

교보타워사거리는 2000년대 초반까지만 해도 제일생명사거리로 불렸다. 이 일대를 대표하는 건물이 제일생명 사옥이었기 때문이다. 다만 사거리에서 사평대로 방향으로, 즉 경부고속도로 쪽으로 한 필지 들어간 곳에 건물이 있었다. 지금의 교보생명 서초사옥 필지에는 과거 운전학원이 있었다. 내 또래 중에 이 학원에서 운전을 배운 이들이 있을 거 같아 수소문해 봤다. 미국 LA에서 메이저리그 야구 칼럼니스트로 활동하는 석승환에게 당시 경험을 들을 수 있었다.

승환은 휘문고등학교 동창으로 대학생 시절인 1980년대 중반쯤 제일생명사거리에 있던 운전학원에서 운전을 배웠다고 했다. 역시 휘문고 동창인 김지욱은 고등학교를 졸업한 1985년에

---

81 「뉴욕제과 앞에서 만나 강남역 그곳 이젠…」, <중앙일보>, 2012. 05. 18.

여러 친구와 함께 다닌 기억을 전해주기도 했다. 그런데 지욱과 함께 운전학원에 다녔다는 한 친구가 이의를 제기했다. 그는 교보생명 자리에 있었던 운전학원이 아니라 뉴욕제과 뒤편에 있던 '한미자동차학원'에서 자기와 지욱이 운전을 배웠노라고 정정해주었다. 강남역 근처에 두 군데의 자동차학원이 있었던 것.

SNS에 질문을 올리니 다른 지인들도 기억을 더듬어 이야기해주었다. 이들은 강남대로 주변에 있었던 자동차학원은 물론 테헤란로나 삼성동 등지에 있었던 자동차학원에 관한 기억을 떠올렸는데 위치나 이름을 두고 격론이 벌어지기도 했다. 강남 일대에 빈 땅이 많았던 시절이었다.

교보생명 관련 자료를 살펴보면 서초사옥의 설계는 1991년부터 논의가 된 듯하다.[82] 그리고 90년대 말부터는 공사에 들어간 것으로 보인다. 완공 후 건물 사용이 승인된 건 2003년이었다. 이때까지 '제일생명사거리'로 불렸던 교차로는 '교보타워사거리'로 이름이 변경됐다. 도로나 지역 이름의 변경은 세태 변화를 반영하기도 한다. 강남대로의 이름이 원래는 '영동1로'였고 테헤란로는 '삼릉로'였다. 이처럼 원래 지명을 변경하게 되는 건 보통 정책적 함의가 담길 때가 많은데 교보타워사거리처럼 그 지역에서 차지하는 영향력의 변화를 상징할 때도 있다.

그러고 보면 제일생명이 지명에서 사라진 건 이 회사의 운

---

82 「한만원과 마리오 보타의 '짓는' 건축가」, <서울신문>, 2020. 06. 29.

명과도 닮은 거 같다. 제일생명은 한때 한국을 대표하는 생명보험 회사 중 하나였으나 외환위기를 겪으며 1999년 독일 알리안츠에 매각되었다. 그리고 강남의 랜드마크이기도 했던 제일생명 사옥은 2000년대 초반에 헐렸다. 2016년에는 회사가 중국 보험 회사에 매각되었고 이름도 ABL생명으로 바뀌었다. 2024년에는 또 다른 매각 소문이 들리고 있다. 오늘날 ABL생명이 제일생명에서 유래했다는 건 아는 사람만 아는 옛날이야기가 되었다. 제일생명사거리가 '옛날 사람' 정도나 기억하는 지명이 되어버린 것처럼.

교보생명 서초사옥 즉 교보타워에는 교보문고 강남점이 있다. 이곳은 뉴욕제과처럼 만남의 장소로 이용되기도 한다. 과거 종로서적이 만남의 장소가 되어 주었듯이. 종로서적을 떠올리면 건물 전 층의 서가에 빽빽이 꽂힌 책들이 먼저 생각난다. 동네마다 작은 서점이 있던 시절, 종로서적과 동네 서점은 어쩌면 오늘날 대형마트와 편의점의 관계처럼 보이는 면이 있다. 편의점에 가면 뭐라도 사야 눈치가 보이지 않는 데 반해 대형마트에 가면 눈요기는 물론 시식도 할 수 있다는 점에서.

그 시절 서점이 그랬다. 동네 서점에서 책을 들추다 보면 책방 주인 눈치를 봐야 하지만 종로서적은 맘껏 읽을 수 있었다. 종로서적이 문을 닫은 후 교보문고 등 대형서점이 그 철학을 이었다. 그래서 교보타워에 서점이 입점하자 나는 무척 반가웠다. 낯설어져 가던 강남이 조금은 따뜻해졌다고나 할까. 오늘날 강남대로 주변에는 교보문고나 영풍문고 같은 대형서점과 알라딘 같은 중고서점이 있다. 그리고 뒷골목을 잘 찾아보면 작은 책방도 여럿 있다. 세태의 변화를 따라가기 버거운 옛날 사람으로서 이들 서점은 강남에 좀 더 머무르게 하는 쉼터처럼 느껴진다.

물론 지금을 사는 젊은 사람들은 나와는 다른 모습으로 강남을 기억하게 될 것이다. 그런 젊은이들이 내 나이쯤 되면 그들이 청춘의 한때를 보낸 강남은 이미 과거의 모습이 되어 있을 게 분명하다. 머지않은 미래의, 그때의 강남은 또 어떤 모습으로 변해 있을까.

[　　　개나리아파트와 영동아파트는
　　　　　사라졌지만　　　　　　　]

　'주민 외 출입 금지.' 이렇게 말하는 것처럼 느껴졌다. 철문으로 된 아파트 출입구는 닫혀 있었고 출입증이나 비밀번호를 아는 사람들에게만 열렸다. 2022년 어느 가을날 개포동에서 겪은 일이었다. 그날 나는 대모산 일대의 서울시립 언주 공동묘지 흔적을 취재하고 개포동 아파트 단지 인근의 개포공원으로 건너온 참이었다. 일원동 쪽에서 대모산을 오르니 지금도 산책로 주변에 남아 있는 파묘한 묘지의 흔적, 구덩이들을 확인할 수 있었다. 주변으로 나무를 많이 심었지만, 과거 항공사진에 찍힌 구덩이들의 배열과 각도는 그대로였다.

　구덩이들을 따라가다 보니 양재대로가 지나며 대모산이 끊겼고 도로 위로는 끊긴 산과 개포공원을 연결하는 구름다리가 있었다. 구름다리를 건너 개포공원으로 진입했다. 내가 취재한 결과를 종합하면, 개포공원은 묘지들을 파묘한 터 위에 들어섰다. 그러니까 개포공원은 과거 항공사진에서 파헤쳐진 구덩이들이 마치 달 표면처럼 보이던 구릉이었다. 지금은 나무가 무성하지만, 묘지였던 구덩이 흔적들이 공원 산책로 주변 여기저기 눈에 띄었다.

개포공원 북쪽에는 개포도서관이 있다. 그리고 동쪽과 서쪽에는 아파트 단지가 있다. 과거에 이들 단지는 개포주공 2단지와 3단지였는데 2019년 재건축한 신축 아파트 단지들이 들어섰다. 철수할 시간이 되었다. 아파트와 연결되는 출입구가 보여 그리로 갔다. 그런데 통과할 수 없었다. 철문은 닫혀 있었고 내게는 열리지 않았다. 누군가가 뭔가를 갖다 대는 거 같더니 문이 열렸다. 순간 '저 사람 뒤를 쫓아가야 하나!' 하는 생각이 들었다. 그러기에는 빈정이 상했다. 단지 안으로 들어가더라도 왠지 외부인이 된 듯한 느낌을 더 확실하게 느낄 것 같았다. 결국 공원 산책로를 굽이굽이 돌아 공원 북쪽 개포도서관 인근에 있는 출구로 나갔다. 중간에 있는 다른 출입구들도 모두 아파트 단지와 연결된 거라 나는 이용할 수 없었다.

공원을 벗어난 후 이들 아파트 단지 외곽을 걸어보았다. 대로변에 있는 출입구들은 공원 안에 있는 출입구와 마찬가지로 철문이 있었고, 닫혀 있었다. 주민에게만 허용된, 즉 외부인은 출입이 금지되었다. 주민과 아파트 측이 허용한 사람만 드나들 수 있었다. 차를 타고 주차장으로 진입해도 출입 카드를 대야 단지 내부로 들어갈 수 있는 차단문이 또 있지 않을까, 하는 생각이 들었다.

과거에도 그랬었는지 기억을 떠올려 보았다. 난 도서관과 친하지 않았지만, 1980년대 말 사법시험을 공부하는 법대생 친구 응원차 개포도서관에 들렀던 기억이 났다. 그때도 도서관 남쪽은 공원이었고 도서관 이용객들이 머리를 식히는 산책로가 있었다. 2000년대에 개포주공 3단지에는 직장 후배가 살았다. 둘은 등산이 취미여서 어느 주말 대모산과 구룡산 능선을 왕복하기도 했다. 당시 진입 지점이 지금의 개포공원 남쪽이었다. 아파트 단지에서 공원 산책로가 바로 연결되었다. 물론 막아놓지 않았다. 개포주공 3단지 옆 4단지에 사는 주민들도 자유롭게 드나들 수 있는 공원이었다.

그랬던 공원이 막혀 있었다.[83] 어떻게 보면 봉쇄된 모습이기도 했다. 공원 동쪽과 서쪽은 외부인 출입을 막는 아파트 단지들에 의해 봉쇄되었고, 남쪽은 양재대로에 봉쇄되었다. 북쪽만 외부인에게 허용되었다. 공공 통행로를 봉쇄한 거나 마찬가지가 아닌가? 하는 생각이 들었다. 이런 일은 개포동뿐 아니라 강남 일대 재건축 아파트 단지에서도 생기고 있었다.[84]

그러고 보면 내가 살던 개나리아파트도, 친구들이 살던 영동아파트도 재건축되었다. 재건축된 내 고향 동네도 외부인을 어떻게 취급하는지 자세히 들여다보는 계기가 된 날이었다. 사실 나는 2020년경부터 강남 곳곳을 답사 다니며 글도 쓰고 했는데

---

83 2024년 가을에도 막혀 있었다.
84 「단지 내부 '공공보행로' 갈등…강남 재건축 복병되나」, <한국경제>, 2023. 07. 28.

역삼동의 아파트 단지 안으로 들어가 본 적은 별로 없었다. 단지 외곽을 돌아다닌 적은 많았어도.

왜 그랬을까 생각해 보니, 조금은 위화감이 들었던 거 같다. 역삼동의 재건축된 아파트 단지를 보면 왠지 다가가기 쉬운 모양새는 아니다. 외부인 관점에서. 그렇다고 외부인 출입을 완벽히 금지한 건 아니다. 사실 재건축된 개나리아파트와 영동아파트는 외부인이 단지 안으로 들어갈 수 있다. 건물 안으로 들어가려면 주민이거나 주민에게 허락받은 방문객이어야 하지만.

내가 살던 시절 이들 아파트 단지는 개나리아파트나 영동아파트라는 단일 단지로 묶였었는데 지금은 재건축에 참여한 건설사별로 다른 단지가 되어 있었다. 분양 시기별로 1차에서 6차까지 있었던 개나리아파트는 여섯 개의 서로 다른 이름을 가진 단지로 재건축되었다. '개나리래미안', '개나리푸르지오아파트', '개나리SK뷰'처럼 단지 이름에 개나리아파트의 흔적을 남기거나, '역삼현대아이파크', '강남센트럴아이파크', '삼성래미안펜타빌아파트'처럼 지역명이나 아파트 브랜드를 내세우기도 했다.

우리 가족이 살던 9동이 있던 개나리 1차 단지는 2006년에 '개나리래미안'이 되었다. 재건축 전에는 5층짜리 아파트였는데 지금은 단지 안에서 하늘을 올려다보려면 목이 아플 정도인 고층 아파트가 들어섰다. 단지 앞 역삼로와 통하는 중앙 출입구로는 외부인도 드나들 수 있다. 다만 경비 인력과 곳곳의 CCTV가 지켜보고 있다는 걸 느낄 수 있다.

개나리래미안에는 반포동에서 옮겨 심은 수령 약 100년의 느티나무가 있는데 2023년 어느 날 나는 이 느티나무를 촬영하고 있었다. 얼마나 지났을까, 어디서 나온 분이냐는 소리가 들렸다. 경비원이었다. 내 모습이 주민처럼 보이지 않았나 보았다. '개나리아파트 시절에 살던 주민인데 느티나무가 수려해 촬영 중'이라고 나는 밝혔다. 그러자 그는 묘한 표정을 지었다. '외부인이 여기서 이러시면 안 된다'라는 내색이 비쳤다. '그렇지. 난 외부인이었지.' 단지를 빠져나올 때까지 나를 따라다니는 누군가의 시선이 느껴졌다. 안 그래도 위화감이 들었었는데 그날 이후로 역삼동의 재건축 아파트 단지를 답사할 때면 위축된 기분이 들기까지 했다.

영동아파트가 재건축된 단지들은 과거와는 분위기가 완전히 달라 낯설기만 했다. 연탄을 때던 5층짜리 주공아파트는 사라지고 유명 브랜드 간판이 걸린 아파트 단지가 되어 있었다. '역삼푸르지오아파트', '역삼e편한세상아파트', '역삼래미안아파트' 등 예전의 영동아파트라는 이미지는 싹 벗어버렸다. 역삼동이라는 강남의 이미지를 내세우면서.

그래도 과거와 비슷한 점도 있었다. 아이들이었다. 하교 시간쯤에 가면 이들 아파트 단지 인근은 아이들 목소리로 가득했다. 학원 앞은 물론 단지 안 곳곳에서. 단지에서 노는 아이들 모습도 과거와 비슷했다. 놀이터만 어린이들의 공간이 아니었다. 단지 곳곳의 지형지물을 이용해 아이들은 다양한 놀이를 즐기고 있었다. 과거 개나리아파트나 영동아파트 아이들도 그랬다. 놀이터에서 놀이 기구를 타는 아이들이 있었는가 하면 주차장 등 공간만 있으면 공을 차거나 '오징어' 같은 놀이를 했다.

　어르신이 유독 많이 보이는 단지도 있었다. 운동 기구가 있어서 그쪽에 모인 거 같았다. 과거에도 노인들이 모이는 공간이 있었다. 주택의 외양은 달라져도 살아가는 사람들의 모습은 크게 다르지 않다. 아니, 그랬으면 좋겠다고 느꼈는지도 모른다. 여기는 내게 고향 마을이나 마찬가지니까. 한편으로는 고향 마을이 여느 재건축 아파트 단지처럼 외부인을 출입하지 못하게 막아두지 않아 다행이라고 생각했다. 그래도 단지 곳곳에 차단 장치가 있었다. 지금은 작동하지 않지만 언제라도 차단할 준비가 되어 있다는 의지처럼 보였다. 언제부터인가 내 고향 강남은 외부인에게 친절하지 않은 동네가 되어 있었다. 어쩌면 한국이 그렇게 변해가고 있는지도.

나가는 글

인생의 변곡점

만약 서교동에서 강남이 아닌 다른 동네로 이사했으면 어떤 삶을 살았을까. 돌이켜보면 강남으로의 이사는 내 인생의 중요한 변곡점 중 하나였다. 고영범의 장편소설 『서교동에서 죽다』를 읽은 후에는 더욱 그런 생각이 들었다. 소설 속 주인공은 나처럼 서교동 주택가에서 살았고 서교국민학교에 다녔다. 1974년에 6학년이었으니 나보다 다섯 살 위의 형이다. 이 형과 나는 비슷한 경험을 했다. 서교동은 물론 인근 망원동과 성산동, 그리고 신촌 일대를 누비고 다녔다. 다른 점이 있다면 소설 속 주인공 가족은 화곡동으로 이사했다는 점이다.

이 대목 이후에 펼쳐진 주인공의 삶을 보며 많은 생각을 하게 되었다. 만약 그때 우리 가족이 강남으로 이주하지 않고 다른 동네로 이주했더라면, 나는 다른 학교에 다녔을 것이고, 다른 교회에 출석했을 것이다. 그랬다면 나는 전혀 다른 친구들을 만났을 테고 아내 또한 만나지 못했을 테다. 그리고 어쩌면, 나는 강남의 과거와 변화에 관심을 두지 않았을지도 모른다. 강남으로의 이주는 지금의 나로 성장하게 한 변곡점이었다.

50대를 훌쩍 넘긴 내가 도시탐험가로 나서게 된 건 어릴 적 살던 동네들에 관한 향수와 선배 답사가들의 저술이 함께 작용했다. 그중에서도 『서울선언』 등 도시문헌학자 김시덕의 '한국 도시 아카이브' 시리즈는 도시 답사가 흥미롭다는 걸 알게 했다. 사라져가는 도시의 옛 흔적과 그 변화 과정을 기록하는 게 중요한 일이라는 걸 느끼게도 했다. 무엇보다 그의 저서들은 내게 도시탐험 방법론에 영감을 주었다.

　　특히 『로버트 파우저의 도시 탐구기』(개정판 『도시 독법』)는 도시 관련 글을 쓰도록 나를 이끌었다. 로버트 파우저는 세계 여러 나라의 도시에서 산 도시 탐구자로 한국에서는 서울대학교 국어교육과 부교수를 지냈다. 그는 독자들에게 '자신만의 도시사'를 써보라고 권했는데 마치 내게 들려주는 권면 같았다. 그렇게 나만의 도시사를 써 나갔고 오늘에 이르렀다.

　　무엇보다 잊혀 가는 강남의 옛 모습을 나는 전하고 싶었다. 잊힌다기보다는 어쩌면 부정당하는 과거의 모습일지도 모른다. 개포동 일대에 있었던 공동묘지 흔적을 찾을 때 특히 그런 느낌을 많이 받았다. 과거의 사실을 아는 이를 찾기도 어려웠고 과거 신문 기사 외에는 확인할 수 있는 공식 자료도 없었다. 만약 강남을 인격체로 치환한다면, 개포동에 공동묘지 따위가 있었을 리 없다며 발뺌하는 관계자 같았다.

　　강남은 그나마 남은 흔적도 치워버리고 있었다. 과거 밀도축 관련 강도 사건이 벌어진 영동시장 건너편의 반포동 주택가에 가면 '언구비 어린이공원'이 있다. 2024년 여름까지만 해도 이 공원에는 '언구비' 표지석이 있었는데 2024년 9월에 가 보니 없어졌다. 언구비의 유래가 적힌 표지석이었다. 서초구청 관계자 말로는 공원 정비하면서 치웠다는데 사유를 명쾌하게 설명하지 못했다. 공원을 찾는 이 중 공원 이름이 왜 언구비인지 궁금한 사람들은 검색해야 그 유래를 알 수 있게 되었다.

이러다 강남의 옛 지명이 잊혀 가지나 않을까, 하는 생각이 들었다. 사실 서초구청 관내 어린이공원 중에는 언구비뿐 아니라 '주흥동'이나 '사도감 터' 같은 과거 그 동네의 유래가 담긴 표지석을 설치한 곳이 여럿 있다. 하지만 이들 표지석도 공원 정비 과정에서 치워질지 모를 일이고, 흔적을 치우다 보면 결국 과거 지명이 더는 쓰이지 않아 그냥 잊혀 갈지도 모를 일이니까.

내곡동의 전통 마을을 답사하면서는 과거가 홀대받는다는 느낌을 받았다. 자료 업데이트에 소홀하다는 점에서다. 인터넷에 올라온 내곡동 일대 전통 마을들에 관한 설명은 대개 1990년대 초반에 발간된 『강남구지』나 『서초구지』에 기록된 내용을 거의 그대로 인용한 거였다. 블로거들 또한 이러한 과거의 정보를 그대로 블로그에 옮겨다 적었다. 즉 30여 년 전 기록을 토대로 한 정보와 이를 인용한 글들이니 지금 현실과 맞지 않는 내용이 대부분이다.

그러니 마을 이름 정도만 흔적으로 남았다는 형식적 기록이 아니라 발로 뛰어 알게 된 현재의 이야기가 필요하다는 생각이 들었다. 강남구나 서초구가 구지(區誌)를 새로 만들 계획이 있다면 이들 마을을 기억하는 이가 몇 명이라도 더 생존했을 때 실행

하면 어떨까.[85]

　그래도 강남의 시내버스는 여전히 달리고 있었다. 노선번호는 변경되었지만 말이다. 생각해 보면 난 어릴 적부터 시내버스 타는 것을 즐겼다. 수유리에 살던 초등학교 1학년 적에는 미아리의 큰누나네를 혼자 시내버스를 타고 가 또래 조카들과 놀았다. 그리 멀지 않은 거리이긴 했다. 그런데 서교동으로 이사한 2학년 때는 제법 먼 거리인 서교동과 수유리 사이를 혼자 버스 타고 오갔었다. 이후에는 다른 버스를 타고 화곡동이나 기자촌,[86] 혹은 천호동에 있는 종점까지 가서 그 동네를 구경하다 오기도 했고. 아직 어린이였지만 난 대중교통의 미덕을 깨달았나 보다. 번호를 제대로 알고 탄다면, 그러니까 시내버스 노선을 제대로 알고 탄다면 길을 잃을 리 없다는 믿음이 생겼던 거 같다.

　어른이 된 후에도 대중교통 수단으로 버스를 즐겨 탄다. 도시 철도보다 시간이 오래 걸려도 차창 밖으로 보이는 풍경은 도시 탐험가로서 나의 호기심을 달구곤 한다. 나의 고향 강남을 탐사

85　영등포구의 사례를 보면, 1991년에 『영등포구지』를 발간했고, 2022년에도 새로운 『영등포구지』를 발간했다. 지난 30여 년의 변화를 비교해 볼 수 있는 자료가 되었다.

86　기자들이 모여 살던 마을. 1970년대 초반 서울특별시 은평구 진관동에 조성된 기자들을 위한 주택단지였다. 박정희 정권 시절 무주택 언론인들을 위한 사업이었는데, 특정 계층을 위한 특혜이면서 정권에 비판적일 수 있는 언론인들을 한 곳에 모아 감시하려 했다는 해석도 있다. 현재는 그 자리에 은평 뉴타운이 들어서 있는데 기자촌은 아파트 단지 이름과 '기자촌 옛터'라 쓰인 표지석 정도로 흔적이 남았다.

할 때도 마찬가지였다. 걷기에 먼 거리를 이동할 때면 버스를 타곤 했다. 만약 강남대로나 테헤란로에서 버스 차창에 코 박고 바깥을 주시하는 머리 허연 아저씨를 봤다면, 어쩌면 나일지도 모른다.

참고 문헌

단행본

강문종 · 김동건 · 장유승 · 홍현성, 『조선잡사』, 민음사, 2020.

강성호, 『한국 기독교 흑역사』, 짓다, 2016.

고동환. 『한국 전근대 교통사』, 들녘. 2015.

김시덕, 『서울선언』, 열린책들, 2018.

김시덕, 『갈등도시』, 열린책들, 2019.

김시덕, 『문헌학자의 현대한국 답사기 1』, 북트리거, 2023.

김시덕, 『대서울의 길』, 열린책들, 2024.

김시덕, 『한국 문명의 최전선』, 열린책들, 2024.

김진호, 『시민 K, 교회를 나가다』, 현암사, 2012.

로버트 파우저, 『도시독법』, 혜화1117, 2024.

로버트 파우저, 『도시는 왜 역사를 보전하는가』, 혜화1117, 2024.

박현욱, 『서울의 옛 물길 옛 다리』, 시월, 2006.

손정목, 『서울 도시계획 이야기 1』, 한울, 2003.

손정목, 『서울 도시계획 이야기 2』, 한울, 2003.

손정목, 『서울 도시계획 이야기 3』, 한울, 2003.

역말전통문화보존회, 『강남 역말도당제』, 보성, 2012.

연구모임 공간담화 · 도시사학회, 『서울은 기억이다』, 서해문집, 2023.

염복규, 『서울의 기원 경성의 탄생』, 이데아, 2016.

이경아, 『경성의 주택지』, 집, 2019.

이태준, 『복덕방, 달밤 외』, 푸른생각, 2013.

임동근 · 김종배, 『메트로폴리스 서울의 탄생』, 반비, 2015.

전우용,『서울은 깊다』, 돌베개, 2008.

정선영,『우리 아이 첫 한강 여행』, 삼성당, 2011.

조동범,『100년의 서울을 걷는 인문학』, 도마뱀, 2022.

논문

권선경,「도시화에 따른 마을신앙의 변화와 전승의 방향-서울 지역 마을신앙의 전승공동체를 중심으로」,『고전과 해석』제23권, 고전문학한문학연구학회, 2017.

김려실,「1970년대 생명정치와 한센병 관리정책」,『상허학보』48집, 상허학회, 2016.

김재형,「한센병 치료제의 발전과 한센인 강제격리정책의 변화」,『의료사회사연구』제3권, 의료사회사연구회, 2019.

김영환,「서울 만초천과 주변시가지 변천 특성에 관한 연구」, 서울대학교 환경대학원, 2019.

박선영,「1950년대 말~1960년대 초 극장의 영화 상영 관행」,『한국 극예술연구』제56호, 한국극예술학회, 2017.

송도영,「이주의 역사를 통해 본 해방 후 서울 사람의 지역 정체성」,『서울학연구』제95호, 서울시립대학교 서울학연구소, 2024.

안주영,「해방 후 서울의 정월 세시풍속에 나타난 혈연·지연공동체성 - 서울 토박이를 중심으로」,『한국민속학』제73집, 한국민속학회, 2021.

유승희,「1920년대~1930년대 경성부 주택정책의 전개와 대책」,『아태연구』제19권 제2호, 경희대학교 국제지역연구원, 2012,

이길성·이호걸·이우석,「1970년대 서울의 극장산업 및 극장문화 연구」,『KOFIC연구』연구보고 2004-7, 영화진흥위원회, 2004.

이의성, 「근대도시계획과정에서 나타난 공동묘지의 탄생과 소멸 – 서울 사례를 중심으로」, 서울대학교 대학원, 2021.

임이택·오창석·김병주, 「부동산중개업의 문제점 및 개선방향에 관한 연구」, 『한국지적정보학회지』 제8권 제1호, 한국지적정보학회, 2006.

장승필, 「서울의 발전과 한강 다리의 역할」, 『대한토목학회지』 제70권 제1호, 대한토목학회, 2022.

정은주·정봉현, 「고립사와 사회적 배제에 관한 도시 공간적 접근」, 『도시행정학보』 제30집 제2호, 한국도시행정학회, 2017.

정형호, 「20세기 서울 지역 도시공동체의 특징과 변모 양상」, 『실천민속학연구』 제17호, 실천민속학회, 2011.

정부기관 간행물

강남구, 『강남구지』, 강남구청, 1993.

보건복지부, 「2022년 고독사 실태 조사」, 2022.

서울역사박물관, 『강남, 사진으로 읽다』, 서울역사박물관, 2009.

서울역사박물관, 『대치동 사교육 일번지』, 서울역사박물관, 2018.

서울역사편찬원, 『서울시헌장』, 서울역사편찬원, 2021.

서울특별시사편찬위원회, 『서울의 하천』, 서울특별시사편찬위원회, 2000.

서초구, 『서초구지(瑞草區誌)』, 서초구청, 1991.

영등포구, 『영등포구지』, 영등포구청, 1991.

영등포구, 『영등포구지』, 영등포구청, 2022.

기타

서울역사편찬원의 〈서울지명사전〉 웹 서비스

한국고전종합DB의 본문 검색 서비스

국토정보플랫폼의 항공사진

서울대 규장각한국학연구원 사이트의 『대동여지도』 등 고지도 검색

역사지리정보 데이터베이스의 지도 자료

네이버뉴스라이브러리의 과거 신문 기사

서울역사아카이브의 사진 자료